Helmut Brade

Requisitenbriefe

HELMUT BRADE

Requisitenbriefe

Herausgegeben
von
GERHARD WÜNSCHER

MMKoehn

Inhalt

Warum Requisiten?

Theater braucht Requisiten. Es sind »Kleinigkeiten«, die aber für das Verständnis und den Ablauf szenischer Vorgänge notwendig sind. In jedem Theater gibt es einen Raum, der vollgestopft ist mit merkwürdigen Gegenständen, die übrig geblieben sind von vergangenen Inszenierungen oder auf neue warten. Mitunter warten sie jahrelang. Der Requisiteur verwaltet dieses unerkennbar geordnete Durcheinander. Er weiß Bescheid, er kann helfen, improvisieren, basteln. Manche Requisiten wandern durch viele Stücke, sie überdauern Intendanzen, Jahrhunderte. Viele Dinge sind zeitlos: Flaschen, Gläser, Papierblumen ..., sind es auch Briefe?

Ich habe mich immer gewundert, wenn auf Proben und schließlich auch in Vorstellungen auf der Bühne ein Liebesbrief der Wochenspielplan ist. Ein leeres Papier ginge ja nicht. Schauspieler und Sänger sind da großzügig, sie verwandeln den Wochenspielplan in einen Liebesbrief, und der Zuschauer sieht einen Liebesbrief. Ich habe mich also gewundert und sogar geärgert, weil ich krankhaft kleinlich bin. So habe ich angefangen, Liebesbriefe zu schreiben, mit zierlicher Schrift für die verliebten Damen, kraftvoll für die Herrn. Das hatte nun wieder unerwartete Folgen, es brachte die Darsteller durcheinander. Sie lasen die Briefe und vergaßen ihren Text. Eine Theatergewohnheit war verletzt.

Und doch bin ich der Meinung, dass Requisiten Bestandteil der Dramaturgie sind, und sie sind es nur mit deutlich ablesbarer inhaltlicher Genauigkeit. Das muss nicht unbedingt die Zuschauer mit aller Bewusstheit erreichen, aber die Darsteller auf alle Fälle. So, wie sie wissen sollen, was sie sagen oder singen, sollen sie auch wissen, was sie tun. Und die Erfahrung zeigt, es gibt den Unterschied zwischen der unverbindlichen Geste und eben der besonderen. So entsteht auch Freude und Dankbarkeit.

Vielleicht sind meine Briefe mitunter selbstständige »Kunstwerke« geworden mit zwar sinnvollen aber auch unnötigen Anspielungen. So ist es auch mit Geldscheinen, Etiketten, Todesurteilen. Im Schwabenland tranken Soldaten auf der Bühne Bier mit einem Bertolt Brecht gewidmeten besonderen Etikett. Es gab die Idee, die Bierbüchsen in der Pause als Souvenir und Werbung zu verkaufen für 99 Pfennige, um sich ein wenig lustig zu machen über solche 99er Preise. Das Interesse war groß nur wir hatten vergessen, Pfennige zu besorgen. Die Käufer wollten den Pfennig, obwohl das Bier im Laden teurer war. Mancher kaufte gleich 10 Büchsen, da wurde es einfacher.

Requisiten wird es geben, solange es Theater gibt. Sie sind nicht digital ersetzbar. Ich wollte die Aufmerksamkeit auf diese Besonderheiten lenken, die mitunter verborgen bleiben.

H. B., 17. April 2018

2018

Bernd Alois Zimmermann
Die Soldaten

Staatstheater Nürnberg
Musikalische Leitung: Marcus Bosch
Inszenierung: Peter Konwitschny
Ausstattung: Helmut Brade
Dramaturgie: Kai Weßler
Premiere am 17. März 2018

Maria, die Tochter des Galanteriehändlers Wesener in Lille, ist verlobt mit dem Tuchhändler Stolzius in Armentières. Der Offizier Baron Desportes interessiert sich für Marie, so gerät sie in die Welt der saufenden Soldaten. Ihr Vater erhofft sich von der Verbindung zu dem Adligen sozialen Aufstieg. Das Gegenteil passiert, die Tochter verkommt als Soldatenhure. Stolzius vergiftet sich selbst und Desportes. Marie landet auf der Straße, ihr Vater erkennt sie nicht mehr.

Armentières
Liebe Marie, daß ihr nach
Lille umzieht, gefällt mir garnicht.
Da sehen wir uns ja viel weniger.
Aber ich werde Dir jeden Tag schreiben. Und über nichts wäre ich froher,
als wenn ich auch jeden Tag eine
Antwort von Dir bekäme. Aber
wenn Du mir nicht schreiben kannst,
das kann ich auch verstehen. Dann
denke ich nur einfach an Dich ...
-- so wie heute. Dein Dich liebender Stolzius

Marie Wesener in Lille

~~Liebe~~ Meine liebe Matamm!

Wir sein gottlob in Lille arriviert. Ihro alle die Politessen und Höflichkeit wieder zu erstatten.

Weil aber es nicht in unseren Kräften steht, als bitten um fernere Kontinuation.

Liebste Grüße an den Stolzius, an den ich immer denke, und wir sind ja auch verlobt. Ich freue mich Sie beide widerzusehen und schließe mit den herzlichsten Grüßen!

Ihre Marie.

~~An Matamm~~ Stolzius in Armentières

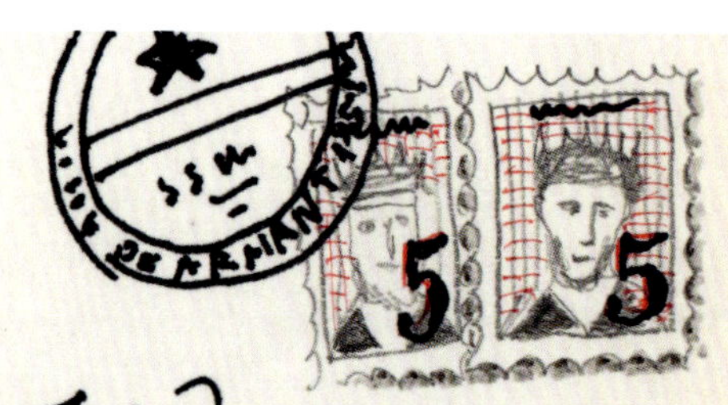

Frl. Marie Wesener
Galanteriewaren Wesener
Hauptstraße
LILLE

Liebe Marie!
Mir ist nicht wohl mir ist wirklich nicht recht. Aber Dein Brief war mir eine große Freude. Wenn mir wieder gut ist, werde ich Deinen Brief richtig beantworten. Für heute erst einmal alles Gute und viele liebe Grüße von Deinem Verlobten
St.

P.S. Grüße auch von der Mutter!

Liebes Stolzi!

Meine Schwester ärgert mich immerfort, weil ich immer so viele Feler mache und lacht mich aus. Soll ich deshalb ~~aber~~ überhaubt nicht mehr schreiben und nur noch auf dem ~~Sofa~~ Sofa liegen und an Dich denken und Du merkst garnichts davon? Ich will es ja lernen, aber in der Schule ist es so blöd, weil alle über mich lachen, wenn ich etwas an die Tafel schreiben soll wie zum Beispiel das Wort Rütmus. Ich weis was das bedeutet aber das wird ganz anders geschrieben weil es kein deutsches Wort ist. Manchmal trinkt mein Vater am Sonntag eine Flasche Bordo, das wird auch ganz anders geschrieben.

In der Stadt habe ich einen schönen Rok gesehen und den will mir der Vater auch kaufen, wenn ich im nächsten Diktat eine 2 schreibe. Ich strenge mich an, ~~aber~~ aber es wird nicht besser. Bestimmt kannst Du mir helfen aber Du hast ja keine Zeit wegen dem Geschäft. Soll ich da später auch verkaufen? Und Reparaturen annehmen? Die Rechnungen will ich nicht schreiben wenn ich da einen Fehler mache bekommst Du zu wenig Geld und wir können uns nicht ernähren. Es wird ja noch schlimmer wenn wir dann ein ~~paar~~ Kinder haben. Oder wünscht Du Dir keine? Das müssen wir alles noch besprechen vor der Hochzeit, damit es keine Misverständnisse gibt. Ich will mich anstrengen, damit Du immer zufrieden bist. Gerne hätte ich den schönen Rok und dazu ein paar rote Schuhe. Sowas gibt es ja in unserer Stadt garnicht. Wir sehen uns bald. Bis dahin alles Liebe und Gute! Deine Braut Marie

Viele Grüße auch vom Vater!

Grün

Mittwoch

Liebe Marie!
Heute habe ich den ganzen Tag gearbeitet. Meine Mutter ist ja nicht mehr so flink, sodaß ich vieles selber machen muß. Dabei habe ich immer an Dich gedacht, und wie es sein wird, wenn wir eines Tages einen eigenen Haushalt haben werden. Da will ich Dir auch immer helfen!
Nun muß ich aber das grüne Tuch aus dem Keller holen und für den Obristen ausmessen.

Mit lieben Grüßen
Dein lieber Stolzius

p. s. Liebe Marie,
wenn Du am Sonnabend kommst, wird es eine sehr gute Kartoffelsuppe geben.
Und für Sonntag backe ich einen Kuchen!

St.

Das Tuch hat übrigens nicht gereicht. Ich muß nachbestellen.

Lille

Mein lieber Verlobter!

Ich habe gerade die Schularbeiten gemacht. Das hat kein Spaß gemacht.
Im Tiktat habe ich eine 4 bekammen, das kann ich meinen Vater garnicht sagen. Der wirt dann immer ganz böse und sagt: aus mir wird nichts. Aber wenn ich Dich heirate, muß ich ja auch ~~nicht~~ nicht so richtig schreiben können, da ich Dich ja liebe.

Nun freue ich mich auf Morgen, wenn vieleicht ein Brief von dir komt

Deine Marie

Die Kartoffelsuppe war lecker!

grün

Armentières, Mittwoch

Liebe Marie!

Was wünschst Du Dir eigentlich für ein Brautkleid? Ein alter Kunde von uns hat mir ein sehr schönes zu einem vernünftigen Preis angeboten.

Aber es muß Dir natürlich gefallen. Da müssen wir mal zusammen zur Anprobe in seine Werkstatt gehen, es ist allerdings bei in Armentières.

Ich freue mich so sehr!
Liebe Marie .... ich zähle die Stunden.

Dein Dich liebender Verlobter
Stolzius

145

für Marie

Du höchster Gegenstand von
meinen reinen Trieben,
ich bet' dich an, ich will dich
ewig lieben,
weil die Versicherung von meiner
Lieb' und Treu',
du allerschönstes Licht,
mit jedem Morgen neu.

hellblau

Alle Schmerzen, die ich leide,
sind nicht wert der Augenweide,
atemlos vor Dir zu steh'n.
Will mein Stolz sich drüber kränken,
gleich geb' ich ihm zu bedenken:
Kann man Engel ohne Schmerzen sehn!

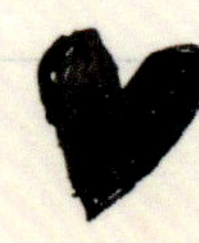

hellblau

Philippeville, 17.2.18

Liebe Marie!

Es war so schön neulich, als ich Sie
besucht habe. Schade nur, daß plötzlich
Dein Vater dazukam und uns gestört hat.
Ich habe mich sehr geärgert, daß er so
häßlich über das Theater denkt und Dir
ein solches Vergnügen nicht gönnt.

Du gefällst mir jedenfalls sehr!
Du hast mein Herz erobert!
Ich denke an Dich andauernd.
Ich will Dir so viel zeigen. Du warst
ja auch noch niemals in meinem Schloß
in Philippeville.
Heute morgen fielen mir die beiliegenden
Zeilen ein, die ich für Dich mit allerbesten
Grüßen beilege. Wir sehen uns bald!

Dein Baron D.

blau

Lille

Lieber Freund!!

Gestern war bei uns der Baron Däport und wollte mich ins Theater zu einer Komödie einladen. Aber da wurde mein ~~Vat~~ Vater ganz böse und hat es nicht erlaubt. Ich war ja noch nie in einer Komödie und weis auch nicht was das eigentlich ist. Deshalb hatte ich mich schon gefreut aber er sagt das giebt Gerede in der ganzen Stadt. Bestimmt hat er Recht. Aber wenn wir verheiratet sind gehen wir bestimmt mal in die Komödie. Das must ~~Du~~ Du mir versprechen.

Nun wünsche ich Dir noch einen schönen Tag. Ich denke an Dich!

Deine Verlobte Marie!

grün

Lieber Stolzi!
Ich warte auf Dich
an der Ecke vor
der Kirche. Bitte
komm nicht zu spät,
damit mich keiner anquatscht.
Du weißt schon. Ich
freue mich auf einen langen
Spaziergang. Vielleicht
können wir auch mal kurz einkehren.
Ich habe aber kein Geld. Da muss
ich immer dann betteln. Bis
gleich Deine Marie

Marie, ich habe gerade Ware bekommen, und bei mir ist ein großes Durcheinander. Deshalb kann ich nicht kommen und wir müssen unseren Spaziergang auf morgen verschieben. Sei mir bitte nicht böse. Die Tuchballen sind

gelb

sehr schwer und
meine Mutter kann
mir da nicht helfen.
Habe also Geduld
und sei herzlich gegrüßt,
auch von meiner Mutter.
Bis bald
Dein Stolzius

D

Liebe Marie!
Ich komme am Sonntag-
nach Lille. Ich war in
Paris und habe etwas
Wunderbares für Dich (♥)
mitgebracht.
Ich freue mich
auf Dich!
Dein Baron D.

blau

Philippeville, Dimanche

Chère Marie!

Welche Enttäuschung. Du warst am Sonntag (also heute Vormittag) nicht da. Was hat das zu bedeuten. Ich hatte doch ein schönes Geschenk aus Paris mit, das ich nun wieder vor mir liegen habe. Wie soll es mit uns weitergehen? Ich liebe Dich doch!!!

Oder hast Du mich etwa vergessen?

1000 Küsse!

Dein Baron D.

Eilig!

Herrn Baron Desportes
Philippville

Liebster Herr Baron!!!
Ich liebe Sie. Es geht mir schlecht.
Ich bin von zu Hause weggelaufen,
weil ich nun für immer zu Ihnen
komme nach Philippville. Ich habe aber
gar kein Geld. Ich liebe Sie *ewig* und
vergesse *nie* die schönen Stunden!!
Ihre Freundin Marie aus Lille

Armentières

Liebe Marie! Hier sind wieder viele junge Männer angekommen. Im Kaffeehaus ist den ganzen Tag ein fürchterlicher Krach. Sie trinken Bier und streiten sich unaufhörlich. Aber Dich interessiert das ja nicht, und Du gehst ja auch nicht ins Kaffeehaus. Für heute 1000 Grüße!

Dein Stolzius

gelb

p.S. Ein Kunde soll den Brief bei Euch in den Briefkasten stecken!

Friedrich Schiller
Don Karlos

Deutsches Theater in Göttingen
Regie Maik Priebe
Bühne und Kostüme Susanne Maier-Staufen
Musik Oliver Urbanski
Sprechtraining Alena Fürnberg
Dramaturgie Matthias Heid
Regieassistenz Jonas Lüders
Soufflage Gisela Bohmann
Inspizienz Karen Knoche-Dinse
Proben vom 4. Oktober bis 19. November 2016
Premiere am 19. November 2016

Don Karlos in Göttingen

Es ist ärgerlich, wenn man im Theater die Sprache nicht versteht. Das mag nun daran liegen, dass der Darsteller schlecht artikuliert oder daran, dass er zwar den Text gelernt hat, aber beim Sprechen nicht mitdenkt. Um das zu vermeiden, wurde Alena Fürnberg zu einer Inszenierung von Schillers *Don Karlos* nach Göttingen gerufen. Sie nahm an den Proben teil, und wenn sie nach Hause kam, erzählte sie voller Begeisterung von den vielen Schwierigkeiten. Auch davon, welche Bedeutung Briefe für die Handlung hätten, und wie wichtig es wäre, sich darum ganz gezielt zu kümmern. Da ich nun nicht zu den Proben müsste und deshalb viel Zeit hätte ...

Ich hatte nun wirklich Spaß daran, mir Dies und Das auszudenken. So durfte ich nun der große Kaiser Karl V. sein und durfte an meinen Enkel schreiben, ihn einführen in die Kriegskunst. Es war mir ein Leichtes, eine Festung zu entwerfen, und den Tacitus kannte ich sowieso als alter Alumnus quondam portensis.

Handlung

Alle am Hof wissen, Elisabeth und Karlos waren einander versprochen. Sie musste aber Philipp heiraten. Karlos hasst seinen Vater Philipp und dieser misstraut seinem Sohn.

Marquis von Posa kommt an den Hof, um dem Freiheitskampf der niederländischen Provinzen mit Unterstützung von Elisabeth die entscheidende Wende zu geben. Karlos soll dort den Freiheitskampf anführen.

Karlos bringt sich, leidenschaftlich und impulsiv wie er ist, aus Liebe zu Elisabeth immer wieder in gefährliche Situationen. Abgelenkt, Spielball seiner Leidenschaften, gefährdet er die große Aufgabe. Selbst als Posa sich für Karlos opfert, gibt Karlos Geheimnisse preis. Alles wird entdeckt. Alba und die Inquisition siegen.

H.B.

Diesen Brief hast du der Post doch nicht vertraut

Brades Briefe retten den Göttinger *Don Karlos*

Endlich Karlos! Endlich einen Schiller vor der Nase beziehungsweise im Regiebuch. Meine Sehnsucht nach diesen klassischen Stücken ist immer groß gewesen. Nach Stücken, die mir und meiner Inszenierungsarbeit etwas entgegensetzen. Sich mit mir streiten, die kommunizieren, die eigene Resonanzräume öffnen. Und dann ist da dieser spezielle« Schiller: *Don Karlos - Infant von Spanien*. Das Stück, das ich immer nur als *Marquis von Posa* oder *Philipp II.* sah - also nie auf die Hauptfigur setzend, sondern entweder auf den stürmisch-drängenden Jugendfreund oder eben auf den Herrscher in dessen Reich - unvorstellbar - die Sonne niemals untergeht.

Nur an einen Karlos erinnere ich mich: Markus Meyer, der an der Hochschule für Schauspielkunst *Ernst Busch* Berlin bei Prof. Ulrich Engelmann mit einem riesigen Blumenstrauß das falsche Kabinett betrat. Und mit einem dieser unzähligen Briefe, die den spanischen Hof in Schillers Abgründe stürzen. Schon hier war zu ahnen, was ich nun am eigenen Leib erfahren sollte: Schillers *Don Karlos* ist zwar ein hochpolitischer, unendlich emotionaler Thriller, ein früher Vorfahr von *House of Cards*, vor allem aber ist Schillers große Dichtung ein Briefdrama, dass der Regie, der Dramaturgie, vor allem aber dem Ensemble genaueste Kenntnis der Intrigen und Absichten, jeden Hinterhalts und der Fallstricke des Hofes abverlangt. Aber - wie so oft - tritt das Bewusstsein über diese Anforderungen gern hinter die eigenen Erwartungen und Hoffnungen zurück, mit denen man sich selbst in eine solche neue Unternehmung stürzt. Vielleicht gerade, weil ich mich so unendlich auf diesen ersten Schiller gefreut hatte. Ich wurde schon in der Konzeptionsprobe eines Besseren belehrt.

Erste Leseprobe am Deutschen Theater Göttingen. Erster Ausstieg! Ich war wie vom Donner gerührt. Diesen Paukenschlag hatte ich nicht erwartet! Wir waren mit Freude und Energie nach Göttingen gereist. Ein Ensemble und eine Mannschaft, die wir äußerst schätzen. Wir? Das ist die Kostüm- und Bühnenbildnerin Susanne Maier-Staufen und - neu im Team - die großartige Sprecherzieherin Alena Fürnberg, die ich aus Begegnungen an der Hochschule für Musik und Theater *Felix Mendelssohn Bartholdy* in Leipzig kannte. Es war mir gelungen, den Göttinger Intendanten zu überzeugen, Alena Fürnberg zu engagieren, um das Ensemble noch tiefer in Schillers Sprache zu treiben. Und aus mehreren Gründen wird sich diese Entscheidung als Rettung dieser Arbeit erweisen.

Zur ersten Leseprobe trifft sich nun also das Göttinger Ensemble, uns teilweise aus einer gemeinsamen Arbeit bekannt, dann wieder neugierig machende neue Schauspielerinnen und Schauspieler. Bis in die kleinsten Rollen ist dieser Göttinger *Don Karlos* mit großartigen Kolleginnen und Kollegen besetzt. Tragende Säulen des Ensembles gestalten »Nebenfiguren« - ein Begriff den ich genauso abstoßend finde, wie die Theaterfloskel »jemand müsse die Szene tragen«. Niemand kann das allein. Eine Szene tragen immer alle auf und hinter der Bühne. Selbst abwesende Figuren! Es gibt also auch keine Nebenfiguren - wenn überhaupt gibt es Figuren mit weniger Text. Aber vielleicht denken Figuren ohne Text manchmal mehr und radikaler? So verstehe ich Theater.

Mit erschreckender Naivität hatte ich erwartet, dass sich selbstverständlich auch diejenigen, die also weniger sprechen, dafür aber mehr zu denken haben, mit Energie und Neugier in unser Schiller-Abenteuer stürzen würden. Eine dieser Figuren ist Schillers Page. Eine Figur, die vor allem zu denken hat. Zu denken, zu verstehen und tatenlos zusehen müssend, wie den jungen Thronfolger, die Liebe zu seiner Stiefmutter Elisabeth von Valois ins Verderben stürzt. Der junge Schauspieler S., den ich kannte und schätzte, hatte sich wohl in der Titelrolle gesehen, wartete die Konzeption ab, vielleicht hoffend, dass ich noch einen verschütteten Pagen-Strang in Schillers Nachlass gehoben hätte und stieg wenige Minuten nach der Konzeptionsprobe mit tischknallendem Textbuch aus. Wir hatten unsere erste Krise!

So schleppten sich die Proben doch weniger neugierig und euphorisch dahin. Die Vorfreude wich dem Bergwerk Schiller. Wer geht wann und vor allem warum in welches Zimmer und warum darf er oder sie da genau dann nicht sein, muss aber genau zu diesem Moment in diesem falschen Zimmer sein? Wann hat er oder sie welchen Hinweis auf welches Treffen von wem wie falsch verstanden? Es war zum Verrücktwerden! Wir hirnten, wälzten Original- und Strichfassung, wir rauften uns die Haare. Wir kauten Schillers Worte wie heiße Kartoffeln, die einem entweder unappetitlich wieder aus dem Mund fielen oder einem den Schlund verbrennend wieder in den Körper zurückglitten. Niemand verstand mehr irgendetwas. Alle intensive Vorbereitung, Reisen nach Madrid und nach Aranjuez waren umsonst gewesen? Wann wer warum mit wem? Ich konnte dem Ensemble nicht vermitteln, warum nun wer welchen Brief bräuchte. Es gelang mir nicht, neugierig zu machen. Die schönen Tage von Göttingen waren nun zu Ende! Wir hatten uns verbissen, wir steckten in einer weiteren Krise! Und ich hatte keine Ahnung, wie und ob wir aus dieser Krise herauskommen sollten.

Und dann viel der rettende Name: BRADE! Alena Fürnberg, Brades Frau, sagte bei einem unserer täglichen Mittagessen, die Proben resümierend, ob Brade nicht diese Briefe gestalten könne. Etwas arrogant und überheblich dachte ich damals, was uns das bringen solle? Wir probten doch mit Umschlägen und Zetteln, die an die jeweiligen Figuren adressiert waren. Ich kannte einige von Brades Arbeiten als Ausstatter, warum sollte er plötzlich diese Briefe gestalten? Und dann müsste ich auch noch Alenas Lösungsidee akzeptieren. Ich war also nicht nur unentschuldbar unwissend über Brades Kunst, sondern auch noch überheblich. Alenas Vorschlag aber war – glücklicherweise – gar nicht als Krisenlösung formuliert, obwohl ich heute vermute, dass sie natürlich genau wusste, dass diese Briefe nicht nur kleine Kunstwerke sein würden, sondern vor allem unsere Krisenknoten entwirren könnten.

Denn dann kamen Brades Briefe – und mit ihnen eröffnete sich eine Welt. Eine Welt, die Schillers düsteres Universum mit etwas Ungeahntem torpedierten: Mit Humor und Poesie! Brades Briefe des jungen Karlos an die ebenso junge Elisabeth, die nun eben die Rolle seiner Stiefmutter eingenommen hatte, waren von unendlicher Hilflosigkeit. So anrührend, so unbeholfen, so kindlich. Diese Briefe, die mal poetisch-phantasievolle Erfindungen Brades sind, dann wieder scheinen sie sich an Schiller zu orientieren und gar zu zitieren, eröffneten etwas Ungeheuerliches: Wie die schillerschen Schlüssel öffneten sie uns den Zugang zu Schillers Monstrum *Don Karlos*.

Wir lachten Tränen über die buntstiftigen Karlos-Briefe, die mit Rechtschreibfehlern und alltäglichen Sorgen eines Heranwachsenden diese komplexe Figur so normal erschienen ließ. Wir staunten über die Marschbefehle und die heimlichen Einladungen zum Stelldichein von anonymer Schrift, der den jungen Karlos mit der rasend eifersüchtigen Prinzessin Eboli ins Verhängnis setzt. Da fanden sich Briefe des Königs an die Mätresse, eben nämliche Eboli, die dem König im Stück nie begegnet.

Und plötzlich war alles anders: Durch Brades Kunst waren die Fragen, warum wer mit wem durch welchen Brief, wie von Künstlerhand gelöst. Alles wurde verständlicher, Schillers Sprache sinnlicher, greifbarer. Es war erstaunlich!

Und so rettete Brade diesen Göttinger *Don Karlos!*

Danke, lieber Brade! Danke, liebe Alena!

Während der Göttinger Endproben entdeckte der wunderbare Chefrequisiteur des Theaters, Jörg C. Kachel, diese Briefe. Ich sah ihn einmal in seinem Büro sitzend, staunend über Brades Kunst. Er baute eine neue Holzkiste, versah die Briefe mit einem eigens entworfenen Siegel und hütete sie wie Originalkorrespondenz des spanischen Hofes.

Maik Priebe

Maik Priebe, geboren 1977, studierte Regie an der »Ernst Busch«. Er inszenierte u. a. in Kassel, Weimar, Halle, Göttingen, Augsburg und Wien. Er erhielt Preise, u. a. den Günther-Rühle-Preis und den Kurt-Hübner-Preis der Akademie der Darstellenden Künste. Sein Dokumentarfilm »Die Überkümmelung des Wassers« wurde zu verschiedenen internationalen Filmfestivals eingeladen.

Brief von Catharina von Medici an ihre Tochter Elisabeth von Valois

Unter dem Vorwand einen Brief der Königinmutter zu überbringen, übergibt Marquis Posa heimlich Hilferufe aus den um Ihre Freiheit kämpfenden Niederlanden. Überrascht ist die Königin nicht. Die anzunehmen ist Hochverrat. Sie unterstützt diesen Freiheitskampf.

Catharina de Medici

Paris

Liebe Tochter! Ist es nicht viel zu heiß bei Euch in Madrid? Ich mache mir große Sorgen. Ist Philipp nett zu Dir? Ich bin krank, jedenfalls sehr oft und meine einzige Freude bist Du! Ich weiß wohl, Du hast Don Carlos innig geliebt.. aber darum geht es eben nicht, wenn man Königin ist und eine hohe Verantwortung für das Wohlergehen eines großen Königs übernommen hat... und für ein ganzes Volk.
Ich wünsche mir nur, daß Du glücklich bist!!!

Deine Dich liebende Mutter

Briefe der Patrioten der Niederlande an Elisabeth

Marquis von Posa drängt Karlos, **die Nöte der *flandrischen Provinzen zu sehen*** und Ihre Rettung als seine Aufgabe zu erkennen. Karlos hat aber vor allem seine Liebe zur Königin im Sinn. Sie aber weist ihn zurück, übergibt ihm die Hilferufe, **die Tränen *aus den Niederlanden,*** und fordert ihn auf, sich Flanderns anzunehmen und zu handeln. Karlos ist entschlossen, Flandern zu retten: ***Sie will es – dass ist mir genug.*** Karlos möchte deshalb von Philipp nach den Niederlanden entsandt werden. Mit seinen Argumenten, ***der Aufruhr in Brabant wächst drohend an. Der Starrsinn der Rebellen heischt starke, kluge Gegenwehr*** **und *mich lieben die Niederländer,*** dringt er nicht durch. Der Befehl bleibt bei Alba. Es wird zu der Strafexpedition kommen. Auch Posa, der überraschend Gunst und Zuneigung Philipps erfährt, erreicht nichts. Posa glaubt aber in der Nähe des Königs seine geheimen Flandern-Pläne besser verfolgen zu können. Als die Hilferufe aus Flandern Erfüllung finden könnten, werden diese Pläne von Albas Spitzeln aufgedeckt, ist Posa schon getötet und werden Karlos und Elisabeth der Inquisition übergeben.

Hilfe!
Alba darf nicht kommen!

Wir, die Bürger der Niederlande zittern vor Angst und Schrecken!

N

An die
Königin Elisabeth
von Spanien

Wir, untertänigste Diener Eurer Majestät, erlauben uns, mit einer Bitte an Sie uns wenden zu dürfen.
Unser Land wird verwüstet. Sie wissen das vielleicht nicht. Es ist der grausige Herzog von Alba, der seine Kompetenzen zu Gräueltaten ausnutzt, die uns unsere spanischen Freunde verhasst macht.

Helfen Sie uns.
Bitte!

P.S. Schicken Sie Karlos!

Brief der Prinzessin Eboli an Karlos

Karlos, gescheitert in seinem Versuch, sich mit seinem Vater zu versöhnen und nach Flandern entsandt zu werden, erhält zusammen mit einem Schlüssel eine Einladung in die privaten Gemächer der Königin. Als Karlos ihr Kabinett betritt, ist er, weil ihn dort die Eboli erwartet, wie vom Donner gerührt. Sie deutet seine Befangenheit als Galanterie. Auf dem Gipfel des Missverständnisses zeigt sie ihm den Brief vom König, der sie zur Mätresse machen soll und er erzählt von seiner unerlaubten Liebe. Plötzlich erkennen beide das Missverständnis. Tief gedemütigt fordert die Eboli Briefe und den Schlüssel zurück. Karlos erkennt, dass er mit dem Brief etwas erreichen kann. In der Prinzessin von Eboli dagegen steigen Gefühle von Eifersucht und Rache gegenüber der vermeintlichen Nebenbuhlerin, der Königin, auf: ***Sie hatten sich lang´ geliebt, eh der Monarch sie wählte. Nie ohne sie sah mich der Prinz. – Sie also, sie war gemeint, wo ich so grenzenlos, so warm, so wahr mich angebetet glaubte?*** Sie ist bereit, sich mit Philipps Beichtvater Domingo gegen Karlos und Elisabeth zu verbünden. Posa gelingt es aber, dem König zusammen mit Karlos´ Brieftasche den Brief der Eboli an Karlos unterzuschieben. Philipp erkennt deren Handschrift und die Verknotungen der Intrige.

B. d. P. v. E. a.
D. C.

Dieser Schlüssel öffnet
die Hinterzimmer im Pavillon
der Königin! *

* Hier darf die Liebe frei und laut
gestehn, was sie solange Winken nur vertraute.
Erhörung warte auf den Furchtsamen.

Brief Philipp an Eboli

Während des missverständlichen Rendezvous gerät Philipps kompromittierender Brief an die Eboli in die Hände von Karlos. Damit hatte der etwas gegen den König in der Hand und glaubt, der Weg zu Elisabeth sei frei: ***ein unschätzbarer – schwerer – teurer Brief, den alle Kronen Philipps einzulösen zu leicht, zu nichtsbedeutend sind.*** Sein Interesse an Flandern ist geschwunden. Er verlangt Unterstützung von Marquis Posa, die Königin zu sprechen. Posa sieht die von der gekränkten Eboli ausgehende Gefahr und zerreißt den Brief. Und dringt auf ihn ein: ***Dein Herz ist ausgestorben. Keine Träne, dem ungeheuern Schicksal der Provinzen nicht einmal eine Träne mehr. – O Karl, wie arm bist du, wie bettelarm geworden***. *Erneut auf Flandern eingeschworen, verspricht Posa Karlos,* ***du sollst die Königin jetzt sprechen, musst sie sprechen.*** Seine Pläne teilt er ihm nicht mit.

Die reuige Eboli, die in Ihrer Hoffnung Karlos nach seiner Verhaftung zu retten sucht, verliert endgültig die Gunst der Königin, als sie bekennt, die Mätresse des Königs geworden zu sein.

PHILIPP II

Madrid, immer!

Für Mme. Prinzessin
von Eboli

Möchte Sie wissen lassen,
dass es nichts Schöneres gäbe,
mit Ihnen das Erlebnis einer
ungewöhnlichen Nacht zu teilen.
Seien Sie meiner ehrlichen
Liebe versichert sowie der
vollständigen Diskretion!

Bald!

Philipp

Brief von Karlos an Elisabeth und die Antwort auf der Schreibtafel

Karlos fühlt die Erwartungen die auf ihm lasten und sucht ein Gespräch mit Elisabeth. Die Königin, nachdem Posa ihr einen Brief übergeben hat: ***Er muss mich sprechen, sagt er ... Wird es Ihn glücklich machen, wenn er mit seinem Auge sieht, dass ich es auch nicht bin?*** Der Marquis: ***Nein – aber tätiger soll es ihn machen und entschlossener.*** Die Situation hat sich zugespitzt. Es muss gehandelt werden, ***Flandern darf nicht aufgeopfert werden*** und Posa weiht die Königin in seine Pläne ein. Elisabeth jetzt ganz Verschwörerin: ***Die Idee ist kühn, und eben darum, glaube ich gefällt sie mir. Der Prinz muss handeln. Lebhaft fühl ich das.*** Der Marquis reicht der Königin resolut seine Schreibtafel, ***zwo Zeilen sind für jetzt genug***. Karlos soll sich auf eine wichtige Entschließung vorbereiten. Karlos, von Elisabeths Appell begeistert, möchte die Schreibtafel behalten. Posa lehnt ab. Seine konspirativen Absichten, von denen Karlos nichts weiß, verlangen anderes. Er will sogar Karlos´ Brieftasche haben, um ihn gegenüber dem König zu schützen.

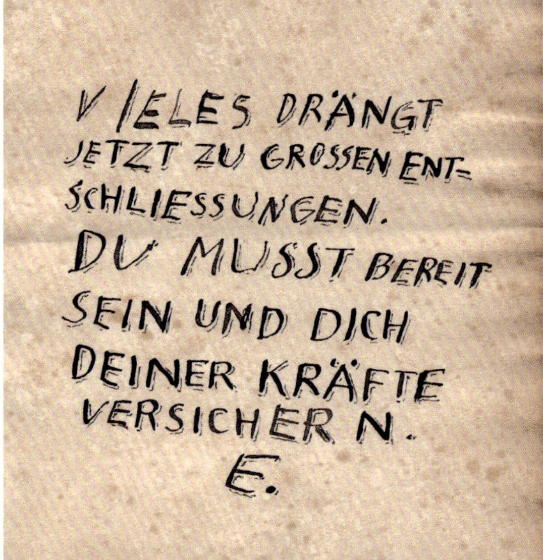
VIELES DRÄNGT
JETZT ZU GROSSEN ENT-
SCHLIESSUNGEN.
DU MUSST BEREIT
SEIN UND DICH
DEINER KRÄFTE
VERSICHERN.
E.

An
Elizabeth

hier!

Mutter, ich sehe jetzt
meine Bestimmung
deutlicher, bin aufgewühlt
und muß mich ihnen
gegenüber erklären.
Karlos

Die Schatulle der Königin

Für den berechtigten Verdacht von Alba und Domingo, dass die Liebe der ehemals Verlobten noch nicht erloschen ist, braucht es ein Indiz: Nicht das ***Augenzeugnis, ein Blatt Papier fällt schwerer in die Waage***. Die beleidigte Eboli beschafft aus Rache an der Nebenbuhlerin kompromittierende Briefe und ein Medaillon des Infanten aus der Schatulle der Königin. Philipp ist von diesen vermeintlichen Zeichen der Untreue getroffen. Es kommt zu einem heftigen Streit mit der Königin. Er fühlt, dass er zu weit gegangen ist, und macht Domingo und Alba dafür verantwortlich. Posas plötzlicher Aufstieg wird durch das Misstrauen Philipps gegenüber Alba und Domingo möglich. Es gelingt Posa Philipp zu überzeugen, wie unbegründet seine Eifersucht und wie manipuliert er durch die beiden Höflinge war. Posa offeriert Stücke aus der Brieftasche von Karlos. Philipp sieht den Brief der Prinzessin Eboli an Karlos, erkennt ihre Hand und liest fassungslos: *Hier darf die Liebe frei - Erhörung - schöner Lohn.* Der König, vom Marquis angestachelt, bekennt: ***Ich sehe mich in fürchterlichen Händen. Dies Weib erbrach der Königin Schatulle. Die erste Warnung kam von ihr.*** Das Komplott von Alba und Domingo ist gescheitert.

Liebe Elisabeth! Heute habe ich ein Gespräch belauscht und da habe ich erfahren, daß wir uns verloben sollen. Das finde ich sehr schön, da du mir ja sowieso schon lange gefällst und du so schön bist wie sonst keine. Wenn das stimmt, wirst du das ja bald erfahren. Kann ich mir da was wünschen? Ich bin ja oft krank und wünsche mir stark und gesund zu werden, damit wir immer glücklich sind. Das war heute ein schöner Tag. Dein (Verlobter)

Karlos

Liebe Elisabet!

Der Opa Karl hat mir heute Bundstifte geschenkt. Da will ich dir gleichmal schreiben. Ich habe dich über den Hof gen sehn und du warst ser schön. Besonders hat mir das goldne Gleit gefallen und dein Har wie es über die schöne Schulder fällt. Du gefällst mir ser ich würde dich gerne heiraden, wenn ich bischen größer bin.

Ewig dein Karlos

Liebe Elisabet! Heute
war Vati wieder sehr
böse zu mir. Er will nicht,
das ich dich besuche,
weil du mir so gut
gefällst. Da soll ich
den ganzen Tag im
Hof Ritter spielen. Das
ist so blöd. Dein Karlos

Liebster Carlos!
Heute habe ich
den ganzen Tag an
Dich gedacht, weil
Du ja mein Brautigam
bist und wir bald
heiraten werden,
worauf ich mich
schon sehr freue!
Da bekomme ich bestimmt
ein sehr schönes
Kleid. Tausend Küsse

Deine Elisabeth

Liebe Elisabeth!
Die Schule macht mir keinen Spaß. Ich und der Lehrer sind ja immer nur alleine. Ich kann dir nur heimlich schreiben denn ich soll nur den ganzen Tag lernen. Wir lesen gerade ein Buch von Tacitus, wie der Kaiser Nero seine Mutter ermordet hat. Manchmal ist Vati Philipp so böse, da würde ich ihn auch ermorden. Wann darf ich wieder mal zu dir kommen? Du hast immer so schöne Limonade und es ist so schön bei dir. Ich denke oft an dich! Dein Karlos

Karlos´ Brieftasche

Posa sieht in den Inhalten dieser Brieftasche eine Gefahr für Karlos und für die Flandern-Sache. Die konspirativen Vorbereitungen sind auf dem Höhepunkt. Posa will jedes Risiko vermeiden. Er fordert Karlos die Brieftasche ab und erhält sie, obwohl Lerma Karlos zuvor über die verdächtige Nähe des Marquis zum König gewarnt hat. Von einem der Briefe sich zu trennen, den Elisabeth schrieb, als er die Schule in Alcala besuchte und sehr krank war, fällt Karlos schwer: ***Laß mir den Brief – nur den – das übrige nimm alles.*** Aber gerade um den Brief, der die Eifersucht Philipps anfachen könnte, war es dem *Marquis zu tun.* Karlos gibt ihm nach Zögern den Brief. Posa hat einen günstigen Zeitpunkt erkannt, mit der Brieftasche bei dem eifersüchtigen und argwöhnischen Philipp die erwünschte Wirkung zu erreichen: ***Wichtige Entdeckungen, die ich gemacht, verändern der Sache ganze Lage.*** Er gibt die Brieftasche dem König. Der sieht die begierig durch: ***Ein Schreiben vom Kaiser, meinem Vater ... der Plan zu einer Festung ... abgerißne Gedanken aus dem Tacitus - Und was Denn hier? – Die Hand sollt' ich doch kennen!*** - Der Brief der Eboli an Karlos! Gelegenheit für den Marquis, kühn dem Argwohn des Königs eine andere Richtung zu geben. Alles scheint geglückt. Aber Lerma hatte die Brieftasche, eine ***Portefeuille von himmelblauem Sammt, mit Gold durchwirkt***, im Beisein von Posa beim König gesehen und warnte Karlos. Der erinnert sich an den Briefs Elisabeths in der Brieftasche, den er Posa eigentlich nicht hatte lassen wollen. Karlos kennt nicht die Absichten des Marquis und weiß nicht, dass dieser Brief dem König nicht gezeigt wurde. Das wird verhängnisvoll. Karlos sieht Elisabeth durch diesen Brief in Gefahr. Er begibt sich zur Eboli und beschwört sie, ihn zur Königin vorzulassen, um sie zu warnen. Das führt zur Verhaftung von Karlos durch Posa.

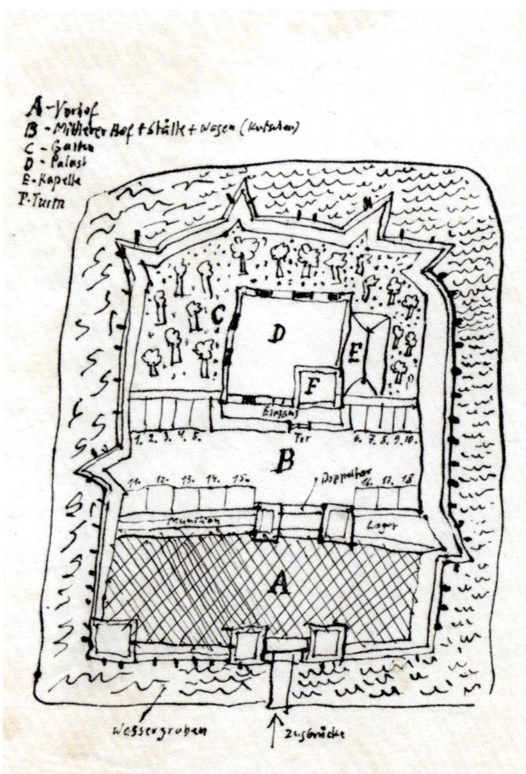

Als Posa Karlos, der noch in Gewahrsam ist, besucht, erhält er seine Brieftasche zurück und erfährt, dass der Brief Elisabeths nach Alcala, der die unheilvolle Abfolge in Gang setzte, dem König nicht gezeigt wurde.

Elisabeth

Lieber Don Carlos!
Nun bist Du an der Hohen
Schule zu Alcala und bereitest
Dich vor um König zu werden.
Ich bin in Gedanken bei Dir
und grüße Dich
herzlichst!

Deine Elisabeth

P. S. Ich besuche Dich bald!

CORNELIUS TACITUS
ANNALEN XIII 14
..... ANICETUS UMSTELLTE DAS
LANDHAUS MIT POSTEN / SCHLUG DIE
TUER EIN UND LIESS DIE SKLAVEN / DIE
SICH IHM ENTGEGENSTELLTEN / ABFUEHREN //
ER DRANG BIS AN DIE TUER DES SCHLAF
ZIMMERS VOR / VOR DER NUR WENIGE LEUTE
STANDEN // ALLE ANDEREN WAREN AUS
ANGST VOR DEN EINDRINGLINGEN WEGGE
LAUFEN // NUR PLÖTZLICHES LAERMEN UND
ANZEICHEN HOECHSTEN UNHEILS // ALS DANN
DIE DIENERIN WEGGING / RIEF SIE IHR NACH:
VERLÄSSEST DU AUCH MICH // DA FIEL
IHR BLICK AUF ANICETUS / DER VON HER
CULEIUS UND OBARITUS BEGLEITET WAR
/ UND SIE SAGTE: ... WENN DU ABER GE
KOMMEN BIST / UM EIN VERBRECHEN AUS
ZUFUEHREN / DANN GLAUBE ICH NICHT /
DASS MEIN SOHN DICH GESCHICKT HAT //
ER HAT KEINEN MUTTERMORD BEFOHLEN //
DIE MOERDER UMSTELLTEN DAS BETT // ZUE
RST SCHLUG IHR DER TRIERARCH MIT EINEM
KNUEPPEL AUF DEN KOPF // ALS DER CENTURIO
ZUM TODESSTOSS DAS SCHWERT ZUECKTE / STRE
CKTE SIE IHM IHREN SCHOSS ENTGEGEN UND
RIEF / STOSSE IN DEN BAUCH ....

CAROLUS V.

Lieber Carlos!
Nun habe ich von Deinem Vater erfahren,
daß Du dauernd krank bist und deshalb in
Deiner Ausbildung immer mehr zurück bleibst.
Ich höre Du kannst nicht einmal <u>reiten</u>! Das ist
allerdings sehr traurig, denn wenn Du später
einmal König sein wirst, mußt Du natürlich
an der Spitze des Heeres mit aufgepflanzter Fahne
die Würde eines ganzen Landes vertreten (und dazu
gehören ja auch die Niederlande usw. – unser Reich
ist sehr groß!!!)
<u>Strenge Dich also sehr an!</u> Das ist mein
sehnlichster Wunsch und auch der Deines Vaters,
der sich berechtigterweise große Sorgen macht.

Ich verspreche Dir zu Deinem nächsten Geburtstag
das schönste und schnellste Pferd, das dann ganz
zu Deiner persönlichen Verfügung stehen wird.
Du musst sehr gut aussehen.
wir lassen Dich dann auch malen, vielleicht
von unserem Hofmaler Diego Velasquez.
Ich sehe für Dich ein glänzendes Leben!
Du mußt nur wollen!
Wir müssen nicht auf dem Feld arbeiten,
aber unsere Aufgaben sind unfassbar
größer, wichtiger, schöner und glänzender. Du
bist auserkoren. Nimm Dir Deinen Vater
zum Vorbild. Wie er nun gerade das große Projekt
des Eskorial betreibt ist großartig.
Ich <u>liebe</u> Dich
Carolus

C.

Der Verhaftsbefehl

Posa, als er das Vertrauen des Königs erlangt hat, geht er aufs Ganze. Die Situation verlangt das. Das Flandern-Anliegen ist durch Karlos´ unüberlegtes und offenherziges Handeln immer wieder gefährdet. Der Marquis lässt, was dem König schon zugetragen ist, wissen, dass der Infant die Königin liebe und, den König manipulierend, dass das mit strenger Wachsamkeit verfolgt werden sollte. Als der König daraufhin befiehlt, ***Ihr haftet mir für ihn,*** ist Posa am Ziel und ringt dem König einen *Verhaftsbefehl* ab. Philipp schreibt die Order: ... ***das Reich ist auf dem Spiele – außerordentliche Mittel erlaubt die dringende Gefahr.*** Was Posa ahnte, tritt ein. Als Karlos Elisabeth durch seinen Brief kompromittiert glaubt, eröffnete er sich erneut der Eboli. Dieses Treffen stürmt Posa und lässt Karlos verhaften. Die unmittelbare Gefahr ist gebannt. Damit hat die Situation eine enorme Zuspitzung erfahren. Die Zeit drängt. Das Anliegen bleibt: Karlos für Flandern zu erhalten.

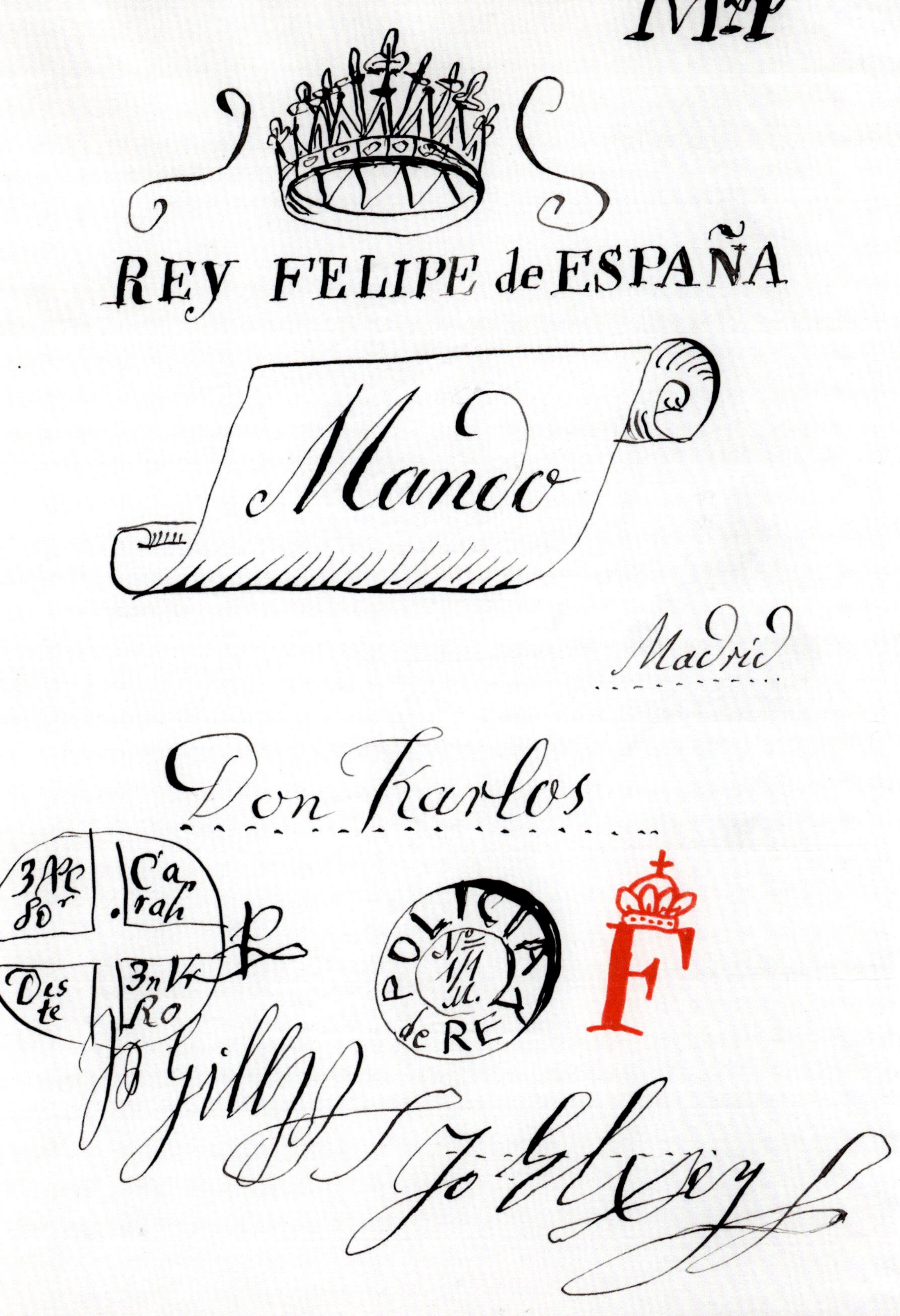

Nº 11
REY FELIPE de ESPAÑA
Mando
Madrid
Don Karlos
POLICIA de REY
Nº 11 M.
F

Posa an Wilhelm von Oranien

Erst, als alles schon fast verloren ist, lässt Posa Karlos seine Pläne wissen und rechtfertigt, warum er sich aufopfern musste: Die Eboli hat Karlos wirklich verraten. Posa bekennt, im Moment, als er sie mit seinem Dolch töten wollte, sei ihm der Gedanke gekommen, sich gegenüber dem König selbst als Schuldigen darzustellen. Durch den Vertrauensbruch den König so zu erschüttern, dass dadurch die Zeit gewonnen werden könnte, um Karlos die Flucht nach Flandern zu ermöglichen. Posa schreibt an Wilhelm von Oranien: er liebe die Königin, es sei ihm gelungen, durch den Verdacht, der fälschlich auf Karlos gefallen ist, dem Argwohn des Königs zu entgehen. Jetzt sei er besorgt, entdeckt zu sein und müsse nach Brüssel fliehen. Er setzt hinzu, um ganz und gar von Karlos abzulenken, dass der wegen dieser Affäre und um die Königin zu warnen, die Eboli hat sprechen wollen. Karlos, der immer noch nicht begriffen hat, dass es wohlüberlegte Absicht war, ist entsetzt, dass Posa solche Briefe der Post anvertraut hat, obwohl er ihn gewarnt hatte. Noch ist das Anliegen, Karlos für Flandern zu erhalten, nicht gescheitert. Der abgefangene Brief ist schon in den Händen des Königs, den der Verrat Posa zum Entsetzen anwesender Höflinge zum Weinen bringt und dessen Tötung anordnet. Karlos, noch in Gewahrsam, klagt deshalb den König mit Leidenschaft an: ***Mord ist jetzt die Losung. Der Menschen Bande sind entzwei***. Dabei verrät er, sich in seinen Aufwallungen treu bleibend, das Arrangement. Noch wäre seine Flucht jedoch möglich.

Marquis
v. POSA

Lieber Wilhelm!

Ich schreibe aus Madrid.
Du weißt es vielleicht nicht: Ich habe die Königin geliebt. Es ist mir gelungen, in dem Verdacht, der fälschlich Karlos gedrückt, des Königs Argwohn zu entfachen, daß ich durch den Monarchen selbst den Weg gefunden, der Königin mich frei zu nahn.

Ich mache mir Sorgen, daß Karlos, von meiner Leidenschaft belehrt, zur Fürstin Eboli geeilt sein könne, um vielleicht durch ihre Hand die Königin zu warnen — ich nahm also Karlos hier gefangen und nun, da alles doch verloren, willens bin nach Brüssel mich zu werfen!

M. v. P.

Die Verlassenschaft des Marquis von Posa an Prinz Carl

Posa hatte, sein Schicksal ahnend, verschiedene Anweisungen hinterlassen, die Karlos übergeben werde sollten, falls er an diesem entscheidenden Tage nicht zurückkehren sollte. Der Überbringer wird von den Wachen Albas aufgegriffen. Alba erklärt den Höflingen das Ausmaß der Verschwörung. Der König erscheint. Schwer gezeichnet von den Erschütterungen, die der Verlust des Marquis von Posa als Vertrauensperson und der Aufstand in Madrid ausgelöst haben. Alba unterrichtet ihn. Nachdem er die Papiere durchgesehen hat, lässt er nach dem Großinquisitor rufen.

mit Kurier!
Express!

A. d. H. u. D. P. d. N.
Brüssel

Ich erlaube mir Euch, den Patrioten der Niederlande, folgendes mitzuteilen: Don Carlos, soll noch heute nacht zu Euch aufbrechen! Er wird die Gegner des Großherzogs von Alba anführen und zum Sieg geleiten. Es muß geheim bleiben!

Marquis von Posa

1
... daß Karlos binnen Mitternacht und Morgen Madrid verlassen soll

2
... eine Flotte Solimans bereits von Rhodus ausgelaufen – den Monarchen von Spanien im Mittelländ´schen Meere anzugreifen

3
... ein ausgeführter Plan des ganzen Krieges, der von der span´schen Monarchie auf immer die Niederlande trennen soll

An Karlos P.
persönlich! №1
dringend!

Verlasse binnen Mitternacht und Morgen Madrid!

In Cadiz liegt segelfertig ein Schiff, das Dich, lieber Karlos, nach Vlissingen bringen wird. Die Staaten der Niederlande erwarten Deiner .....
die span'schen Ketten

abzuwerfen!

Du bist unsere ganze Hoffnung

P

An Karlos

No 2

persönlichst!

geheim! dringend!

Ergänzung zu No 1

Die Flotte Solimans ist bereits von Rhodus ausgelaufen – den Monarchen von Spanien laut des geschlossenen Bundes im Mittelländ'schen Meere anzugreifen.

Auch die Maltheser reisen längst durch ganz Europa, um die nord'schen Mächte für die Flamänder Freiheit zu bewaffnen!

An Karlos

P. N° 3

persönlichst und
streng geheim;
durch Boten!

Nun folgt ein ausgeführter Plan des ganzen Krieges, der von der span'schen Monarchie *auf immer* die Niederlande trennen soll. Nichts, nichts darf übersehen werden!

→ 1. 7. 8. 6. 41. 33. 46. (47.) (48.)

12⁰⁰ 12¹⁰ → 13⁰⁰ / 14⁰⁰ / Mitternacht;
6⁰⁰ 6 → 42 + 8 + 6 =

→ → → → ↗ ↗ ↗ ↓

3/4 Der Entwurf ist teuflisch!!!
Aber wahrlich – göttlich.
Berechnet alle Quellen, alle Kräfte, alle Maximen, welche zu befolgen, alle Bündnisse, die zu schließen!

4
… geheime Unterredung am Abend seiner Flucht mit seiner Mutter

Ein ins Vertrauen gezogener Bediensteter überbringt Karlos – der immer noch an der Leiche Posa verharrend – die Nachricht: ***Die Königin wünscht sehr, Sie heute noch zu sprechen***. Er besinnt sich. Elisabeth und Karlos werden schon beschattet. Karlos wird instruiert wie das Treffen dennoch zustande kommen kann. Als sie sich treffen, hat Karlos seine Aufgabe, Flandern, ohne Wenn und Aber verinnerlicht: ***Ich kam, um Abschied zu nehmen – Mutter, endlich seh ich ein, es gibt ein höher, wünschenswerter Gut, als dich besitzen.*** Flandern! Es ist zu spät. Im Hintergrund steht der König, begleitet vom Großinquisitor, bereit.

Referenzen: Michael Hofmann *Erläuterungen und Dokumente zu Friedrich Schiller Don Karlos*. RUB Nr. 16055. Stuttgart. Philipp Reclam jun. 2007; Nobert Elias *Die höfische Gesellschaft* suhrkamp taschenbuch wissenschaft 423. Frankfurt a.M. Suhrkamp 1983; Rüdiger Safranski *Friedrich Schiller oder die Erfindung des Deutschen Idealismus*. München Wien. Wissenschaftlich Buchgesellschaft / Carl Hanser. 2004; Friedrich Schiller *Don Karlos* und *Briefe über »Don Karlos« – vom Verfasser*. In: Schiller. Sämtliche Werke in zehn Bänden. Berliner Ausgabe. Band 3. Herausgegeben von Hans-Günther Thalheim und einem Kollektiv von Mitarbeitern. Berlin und Weimar. Aufbau 1980

P. No. 4

An Karlos

persönlichst!

Lieber Prinz! Vor Deiner Flucht bedarf es einer geheimen Unterredung mit Deiner Mutter! Das mußt Du zu stande bringen. Am Abend vor der Flucht, um Mitternacht.

Vorsicht! Falls Befehle gegeben, das zu verhindern.

2015

Leos Janácek
Vec Makropulos

Oper des Slowakischen Nationaltheaters Bratislava
Musikalische Leitung: Ondrej Olos
Inszenierung: Peter Konwitschny
Ausstattung: Helmut Brade
Dramaturgie: Bettina Bartz, Vladimir Zwara
Premiere am 6. November 2015

Der Kaiser Rudolf II will nicht sterben. Deshalb beauftragt er den Alchimisten Makropulos, ihm ein Elixier zu brauen, das unsterblich macht. Ehe er es aber selber nimmt, soll es die Tochter des Alchimisten probieren. Die fällt um, der Vater wird geköpft, die Tochter wacht nach einer Woche wieder auf und lebt 300 Jahre. In einem komplizierten Gerichtsprozess macht sie aufsehenerregende Aussagen, da sie in der Vergangenheit Bescheid weiß, auch wenn sie jung ist.

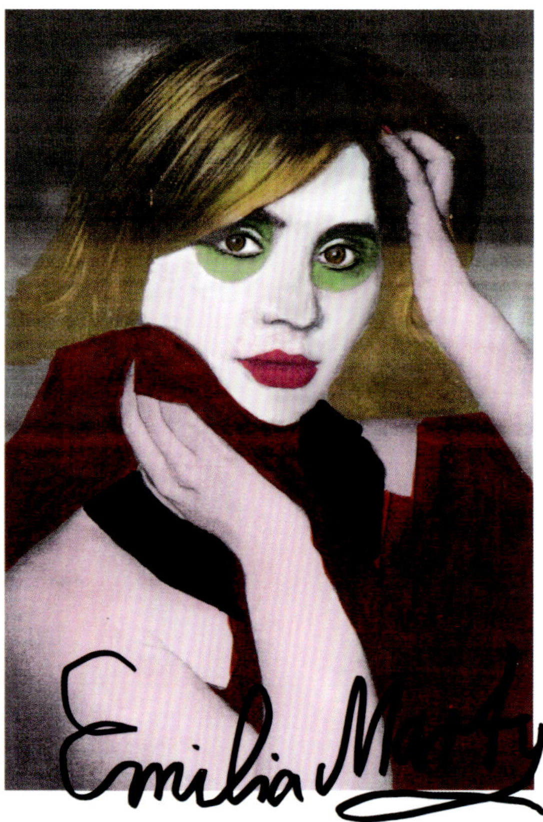

casa: Gregor-Prus
Nº 538/27

Elina Makropulos

Elina Makropulos

Eugenia Montez

Eugenia Montez

Ekaterina Myschkin

Ekaterina Myschkin

Elsa Müller

Elsa Müller

Elina McGregor

Elina McGregor

Emilia Marty

Emilia Marty

Emilia Marty

? ? ?

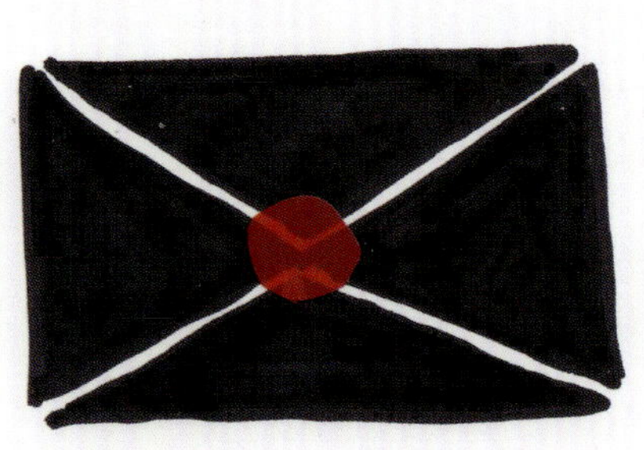

Čierna obálka:
recept „Vec Makropulos"

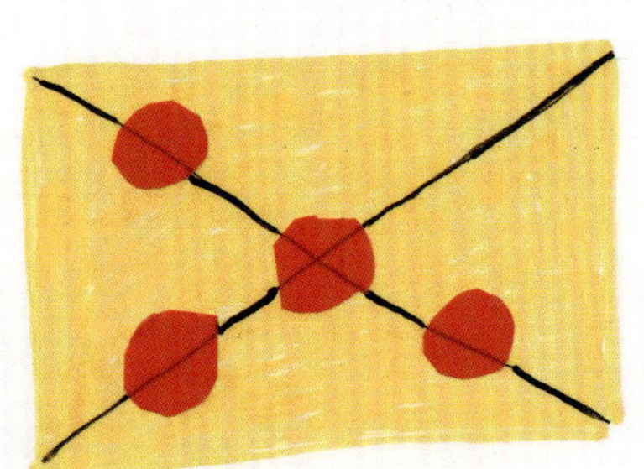

Zväzok ružových
listov –
ľúbostných
(Ellian a Pepi)

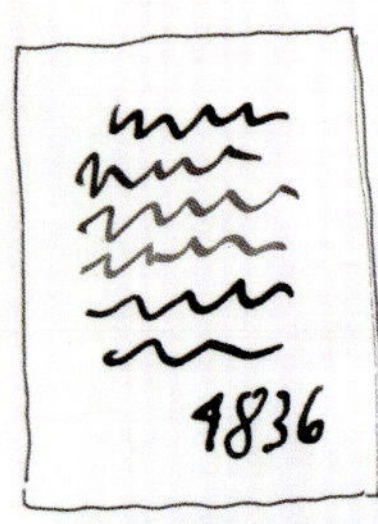

Žltá obálka:
Pepiho testament

List falšovaný,
akože z roku 1836,
s podpisom „Ellian
MacGregor"

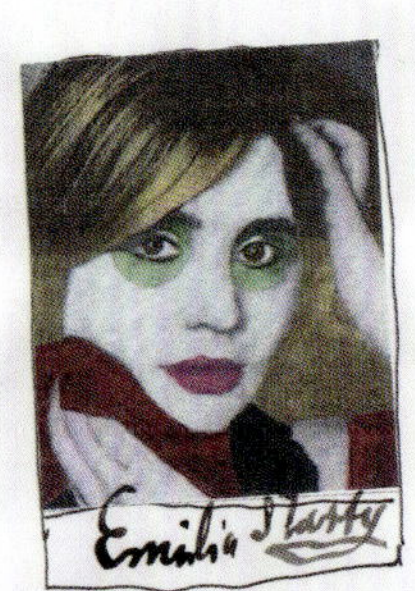

Foto pre Kristínku
s podpisom
„Emilia Marty"

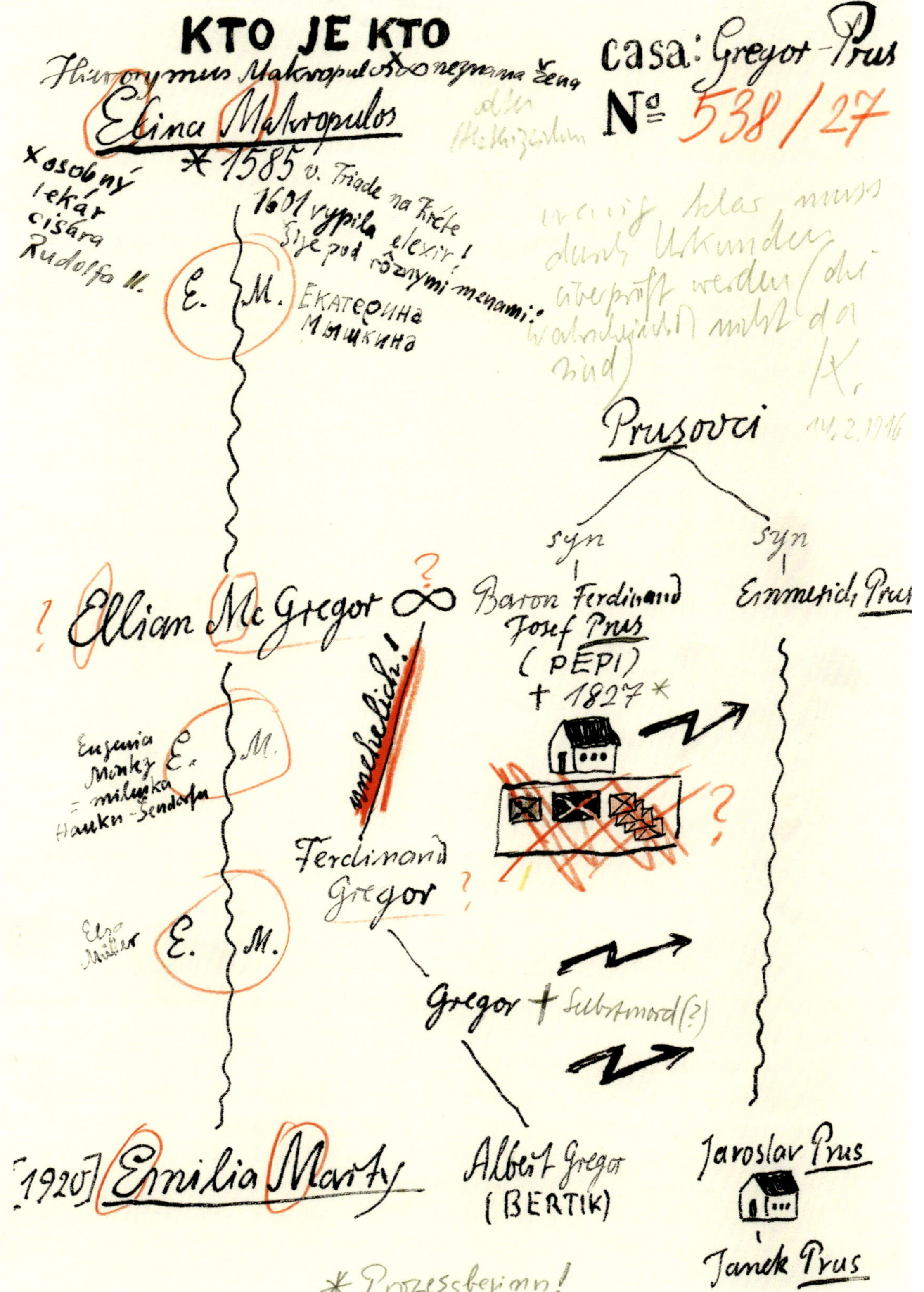

KTO JE KTO
casa: Gregor-Prus
№ 538/27
Hieronymus Makropulos x neznama žena
Elina Makropulos
*1585 v. Triade na Kréte
x osobný lekár cisára Rudolfa II.
1601 vypila elexír!
Žije pod rôznymi menami:
E. M.
Екатерина Мышкина
Prusovci
syn
syn
Elliam McGregor
Baron Ferdinand Josef Prus (PEPI) † 1827*
Emmerich Prus
unehelich!
Eugenia Montez E. = milenka Hauken-Šendorfa
Ferdinand Gregor
Elsa Müller E. M.
Gregor † Selbstmord(?)
[1920] Emilia Marty
Albert Gregor (BERTIK)
Jaroslav Prus
Janek Prus
*Prozessbeginn!

– 2 –

causa: Gregor Prus
№ 538/27

Fortsetzung: Protokoll v. 27. 4. 1834 ff.

Infolgedessen macht der Angeklagte, Herr Emmerich Prus Zabrzezinski den Vorschlag zu einem Vergleich, [illegible] Haus und Felder [illegible], wohin das Vermögen unangetastet bleiben soll. Was Wald, Feld und kleine Anteile, die zu dem unter Ziffer 347/A/Bf. eingetragenen Grundstück gehören, bleiben die Eigentumsrechte bei E. Prus, da er Teile davon bereits von seinem Vater geerbt hat, wofür ordentliche Dokumente Akten № 434/17/1834 vorhanden sind. [illegible] möchte die bestehenden Schulden auch auf Herrn Gregor umzuschreiben, da er nicht nur Geld und den Wald bekommen würde, sondern auch auf den Wald laufende Hypotheken entstehen müssten. [illegible] Emmerich, dass auch die Fischereirechte in die Prozessmasse einbezogen werden müssen, die mit einer jährlichen Zahlung von 440,– an die Stadtverwaltung von Loukov in Rechnung stehen. Die notwendige Rückzahlung seit 1827 für 7 Jahre beläuft sich infolgedessen auf 3080,– (zuzüglich Zinsen). [illegible] Gregor nicht klar zu sein. Der Betrag wurde bis heute von Emmerich Prus ordnungsgemäß bezahlt, wofür als Anlage Abschriften der Quittungen vorliegen. Summe summarum ergibt sich der von Herrn Gregor aufzubringende Betrag erheblich!

Anlagen

-3-

Causa: Gregor-Prus
№: 538/27

Fortsetzung: Protokoll v. 27.4.1834 ff
Klage wegen Beleidigung

Herr Prus beschuldigt Herrn Gregor fortwährender beleidigender Äußerungen in der Öffentlichkeit. Dies betrifft besonders den Vorwurf der Raffgier und verbrecherischen Aneignens fremden Eigentums. Insofern dies eindeutig Bestandteil der Klage ist, bleibt nach §283 und §304 dieser Fakt vorläufig ohne Wirkung.

Sollte aber Herr Prus die Klage gesondert einbringen, führt das zu einer Verschlechterung seiner Position im Prozess, da [illegible] [illegible] [illegible] Mitteln [illegible] in [illegible] Falle [illegible]. [illegible], [illegible] [illegible] ist das [illegible] [illegible], [illegible] [illegible] [illegible]. Es liegen dazu übrigens keine Zeugenaussagen vor, die [illegible] erhalten werden müssten.

P.S.

Herr Gregor rief mich am selben Abend an in der Meinung, dass die Rechtslage zu seinen Gunsten eindeutig ist und er deshalb einen hohen Kredit xx auf den Prozessausgang aufgenommen hat. X Der Bank gegenüber können und dürfen wir keine Garantien auf den Prozessausgang geben. Dies widerspricht jeder juristischen Moral!

Nachtrag 1901: XX Herr Gregor (sen.) hat sich wegen der erhöhten Zinsforderung der Bank beschwert [illegible]

X wir können das nur als Erpressung werten.
wir können auf seinen Kredit aus formaljuristischen Erwägungen keine Rücksicht nehmen.

causa: Gregor-Prus

№ 538/27

Hauptgebäude

im Grundstück des Barons Ferdinand Josef Prus in Loukov, aufgenommen im Jahre 1827 nach dem Tode des Barons

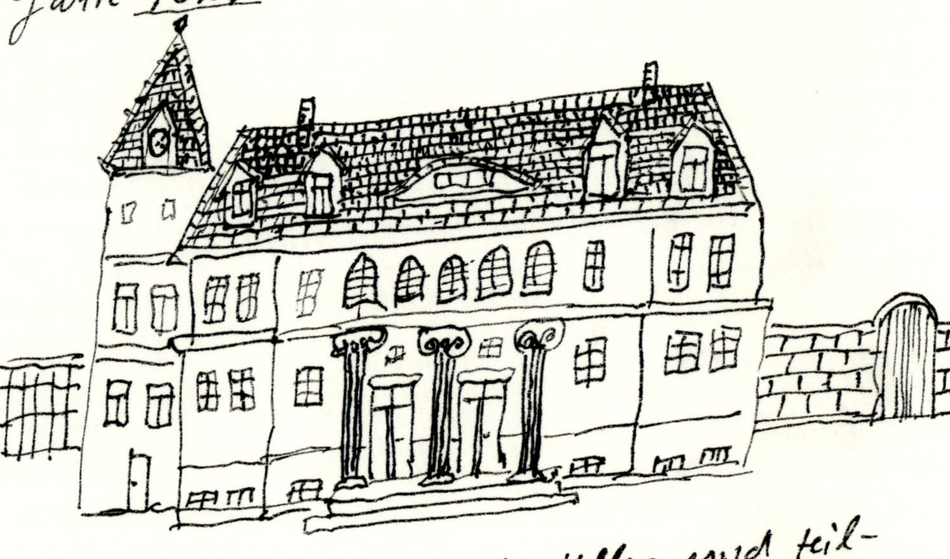

Das Haus hat geräumige Keller und teilweise Gewölbe, die von einem Vorgängerbau stammen, und die als Bier- und Weinkeller benützt werden sowie weitere Vorratskeller und Räucherkammer. Die untere Etage enthält Büro- und Diensträume sowie im Gartenteil eine offene Galerie, die auch zum Unterstellen von Geräten und Fahrzeugen geeignet ist. Die Bel-Etage schließt nach hinten an einen breiten Balkon an, der die gesamte Breite des Mittelhauses einnimmt. Im Dachgeschoss befinden sich Gesinde- und Dienstmädchenzimmer sowie Boden- und Abstellkammern.

1. 9. 1827 Mayer

Der Bauzustand von Haus und Dach ist in Ordnung, die Rückseite müsste demnächst neu verputzt werden.

Abschrift!

casa: Gregor-Prus

№ 538/27

Aufstellung der Ausgaben, die Herr Baron Ferdinand Josef Prus zu Gunsten seines „Sohnes" Ferdinand Gregor an die Kasse des Theresianums überwiesen hat:

1825

1	2.1	Unterhalt	186,-
2	5.2	(Sonderzulage Bücher)	20,-
3	20.2.	Unterhalt	186,-
4	1.3	Unterhalt + Nachzahlung	205,-
5	24.3	Unterhalt	186,-
6	1.4	Wäschegeld + Essensgeld	85,-
7	1.5	Unterhalt	186,-
8	30.5	Unterhalt + Nachzahlung	315,-
9	1.6	Unterhalt + Vorauszahlung	320,-
10	1.7	Unterhalt abzügl. Voraus.	96,-
11	15.7.	Bücher	20,-
12	1.8.	Unterhalt	186,-
13	1.9.	Unterhalt	186,-
14	1.10	Vorauszahlung + Unterhalt	305,-
15	1.11	Unterhalt + Essensgeld	298,-
16	2.12	Unterhalt + Rüstung	195,-
17	31.12.	Vorauszahlung 1826	186,-
			3121,-

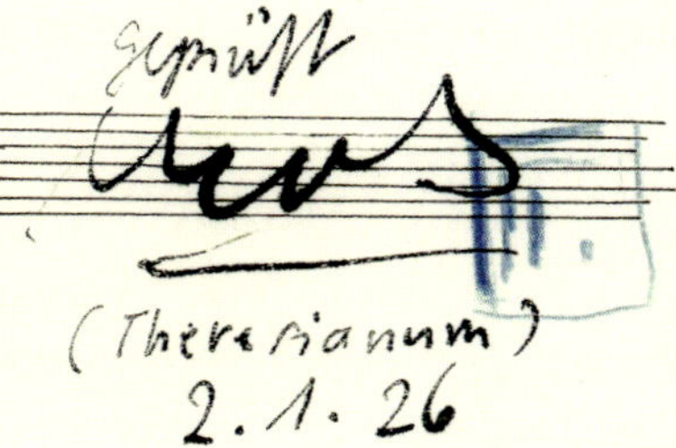

geprüft

(Theresianum)
2.1.26

ausgezahlt: richtig!

Vitek   Kolenaty

30.10.1917   5.1.1920

Testament

Ich, Barón Ferdinand Jozef Prus, vererbe meinen gesamten Besitz: bestehend aus meinem Gutshaus in Loukov einschließlich der Scheunen, Gärten und Äcker sowie des Waldes und mein Vermögen in bar und Oblicationen an Ferdinand Mac Gregor, geboren in Loukov am 20. November 1816.

Loukov, den 1. Januar 1816

Ferdinand Josef Prus

№ 6/27

Sterbeurkunde

persona Ferdinand Josef Prus (Baron!)

datum 27. 4. 1827, 16⁰⁰

causa Altersschwachsinn (Demenz)

Herr Baron Ferdinand Josef Prus verstarb auf seinem Gut ~~in Gut~~ in Lukov des natürlichen Todes. Dies bestätigt unterstehend der örtliche Arzt und ehemalige Hausarzt des Barons. Erben konnten nicht ermittelt werden. Ein Testament wurde nicht gefunden. Herr Baron F. J. P. hat einen Cousin Emmerich Prus Zabrzezinski.

AMT LUKOW № 375

1. 5. 27

Dr. Z

Bachprojekte IV

IV BWV 102, 20, *O Ewigkeit, Zeit ohne Zeit*
Theater Chur (CH)
Musikalische Leitung: Johannes Harneit
Inszenierung: Peter Konwitschny
Ausstattung: Helmut Brade
Dramaturgie: Ute Haferburg
Szenische Uraufführung am 7. Mai 2014

Weitere Bachprojekte

I BWV 82, *Ich habe genug*
Oper Leipzig, 2009

II BWV 60, *O Ewigkeit, du Donnerwort*
Oper Leipzig, 2010

III BWV 57, *Selig ist der Mann*
Oper Leipzig, 2011

V BWV 52, *Falsche Welt, dir trau ich nicht*
BWV 199, *Mein Herze schwimmt im Blut*
BWV 26, *Ach wie flüchtig, ach wie nichtig*
Theater Chur, Bergen, Trier, 2016

Die Idee von Peter Konwitschny, Kantaten von Johann Sebastian Bach aus der Zeit ihrer Entstehung zu lösen und in die veränderten Zusammenhänge unserer Zeit zu stellen, erwies sich als äußerst spannend. Die Musik von Bach wird dabei in keiner Hinsicht beschädigt, sondern gewinnt eine zum Teil erschreckende Heutigkeit. Das Neue dabei ist die Übersetzung in szenische Situationen, die aber ganz und gar aus den Kantatentexten entwickelt wurden.

H. B.

Der Kantate O Ewigkeit, du Donnerwort (BWV 20) zum 1. Sonntag nach Trinitatis liegt das Kirchenlied Johann Rists, 1642 veröffentlicht, zugrunde. Gegenstand ist das Gleichnis vom reichen Mann und armen Lazarus (Lk 16) und die Drohung ewiger Verdammnis. Bachs Vertonung, so *Bachipedia,* ist eine »Schreckensmusik«, die in Erkenntnis der göttlichen Strafe zu Umkehr und Weltabsage auffordert.

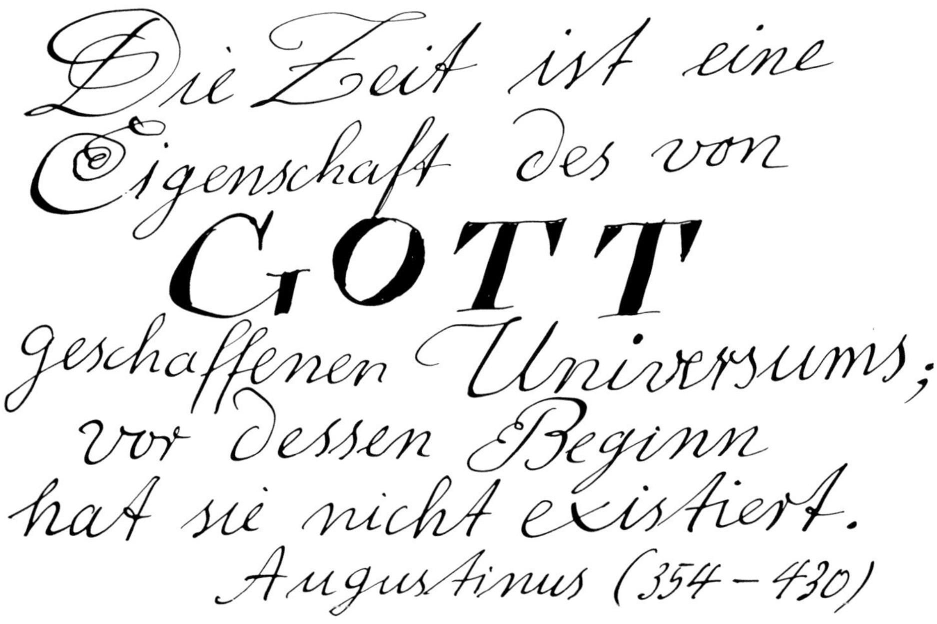

BWV 20
O Ewigkeit, du Donnerwort
(Erster Teil)

O Ewigkeit, du Donnerwort,
O Schwert, das durch die Seele bohrt,
O Anfang sonder Ende!
O Ewigkeit, Zeit ohne Zeit,
Ich weiß vor großer Traurigkeit
Nicht, wo ich mich hinwende.
Mein ganz erschrocken Herz erbebt,
Dass mir die Zung am Gaumen klebt.

Kein Unglück ist in aller Welt zu finden,
Das ewig dauernd sei:
Es muss doch endlich mit der Zeit einmal
verschwinden.

Ach! aber ach! die Pein der Ewigkeit hat nur
kein Ziel;
Sie treibet fort und fort ihr Marterspiel,
Ja, wie selbst Jesus spricht,
Aus ihr ist kein Erlösung nicht.

Ewigkeit, du machst mir bange,
Ewig, ewig ist zu lange!
Ach, hier gilt fürwahr kein Scherz.
Flammen, die auf ewig brennen,
Ist kein Feuer gleich zu nennen;
Es erschrickt und bebt mein Herz,
Wenn ich diese Pein bedenke
Und den Sinn zur Höllen lenke.

Gesetzt, es dau'rte der Verdammten Qual
So viele Jahr, als an der Zahl
Auf Erden Gras, am Himmel Sterne wären;
Gesetzt, es sei die Pein so weit hinausgestellt,
Als Menschen in der Welt
Von Anbeginn gewesen,
So wäre doch zuletzt
Derselben Ziel und Maß gesetzt:
Sie müßte doch einmal aufhören.

Nun aber, wenn du die Gefahr,
Verdammter! tausend Millionen Jahr
Mit allen Teufeln ausgestanden,
So ist doch nie der Schluss vorhanden;
Die Zeit, so niemand zählen kann,
Fängt jeden Augenblick
Zu deiner Seelen ewgem Unglück
Sich stets von neuem an.

Gott ist gerecht in seinen Werken:
Auf kurze Sünden dieser Welt
Hat er so lange Pein bestellt;
Ach wollte doch die Welt dies merken!
Kurz ist die Zeit, der Tod geschwind,
Bedenke dies, o Menschenkind!

O Mensch, errette deine Seele,
Entfliehe Satans Sklaverei
Und mache dich von Sünden frei,
Damit in jener Schwefelhöhle
Der Tod, so die Verdammten plagt,
Nicht deine Seele ewig nagt.
O Mensch, errette deine Seele!

Solang ein Gott im Himmel lebt
Und über alle Wolken schwebt,
Wird solche Marter währen:
Es wird sie plagen Kält und Hitz,
Angst, Hunger, Schrecken, Feu'r und Blitz
Und sie doch nicht verzehren.
Denn wird sich enden diese Pein,
Wenn Gott nicht mehr wird ewig sein.

Wenn ich alles richtig verstanden habe, geht es ja um die Konfrontation einer heutigen, wissenschaftlich gewachsenen Weltsicht mit religiösen Vorstellungen, die in der Verteidigung ihrer Positionen auch fundamentalistisch sein können. Da Einstein und Hawking als Figuren auftreten, kann man die Inhalte ihrer Weltsicht nicht einfach vernachlässigen; und das ist schwierig, da man sie nicht versteht und vielleicht sogar nicht verstehen kann. Man kann aber auch nicht irgendwelchen Blödsinn mit einer rein ästhetischen Wirkung verkaufen. Schön finde ich, wenn sich die unterschiedlichen Parteien mit »Papier« bekriegen, das lässt sich auch gut in Szene setzen.

Ich habe, das ist ein Vorschlag, eine Kongress-Mappe erfunden mit Beiträgen, die die Dimensionen heutigen wissenschaftlichen Denkens andeuten, nicht unbedingt für die Zuschauer, aber für die Darsteller und für uns selbst. Darunter sind auch abstrakte Zahlenreihen und Formeln, aber das ist wenigstens, wenn auch unverständlich, doch kein Quatsch. Ob das brauchbar ist, weiß ich nicht; auch nicht, wer das bekäme, nur die Herren im Podium oder die Kongressteilnehmer. Die allerdings könnten dann im letzten Teil alles mit Pomp zerfetzen.

Einige dieser Blätter könnten die Vorlagen für die Rollbilder werden. Zum Beispiel das Bild mit der Erde, vom Mond aus gesehen. Es zeigt sehr einfach die merkwürdige Lage unserer Welt in einem unfassbaren schwebenden Zustand im leeren Raum. Wenn man dann noch aufgeklärt wird über Dimensionen von Zeit und Raum, kann einem ja gleich ganz schlecht werden.

Mit herzlichen Grüßen an die Kongressleitung an der Außenstelle für Zeitlosigkeit in Chur!

Ihr Helmut Brade, 13. Februar 2011

In irgendeinem abgelegenen Winkel des in zahllosen Sonnensystemen flimmernd ausgegossenen Weltalls gab es einmal ein Gestirn, auf dem kluge Tiere das Erkennen erfanden. Es war die hochmütigste und verlogenste Minute der »Weltgeschichte«: aber doch nur eine Minute. Nach wenigen Atemzügen der Natur erstarrte das Gestirn, und die klugen Tiere mussten sterben. So könnte jemand eine Fabel erfinden und würde doch nicht genügend illustriert haben, wie kläglich, wie schattenhaft und flüchtig, wie zwecklos und beliebig sich der menschliche Intellekt innerhalb der Natur ausnimmt; es gab Ewigkeiten, in denen er nicht war; wenn es wieder mit ihm vorbei ist, wird sich nichts begeben haben. Denn es gibt für jenen Intellekt keine weitere Mission, die über das Menschenleben hinausführte. Sondern menschlich ist er, und nur sein Besitzer und Erzeuger nimmt ihn so pathetisch, als ob die Angeln der Welt sich in ihm drehten. Könnte wir uns aber mit der Mücke verständigen, so würden wir vernehmen, dass auch sie mit diesem Pathos durch die Luft schwimmt und in sich das fliegende Zentrum dieser Welt fühlt.

Friedrich Nietzsche, 1873
29-jähriger Professor für Altphilologie
an der Universität Basel

Erinnerung!

In 1 Sekunde legt ein Lichtstrahl 299796 km zurück! (≈ 300 000 km/sek.)

1 Meter (m) ist die Strecke, die vom Licht in 0,0000000033356400952 Sekunden zurückgelegt wird.

Ein Fixstern, dessen Licht 2 Milliarden Jahre braucht, um bei uns anzukommen, ist also sehr weit entfernt.
Wir die Jetztlebenden sehen das Licht, das zu einem Zeitpunkt aufgebrochen ist, als an Menschen noch nicht zu denken war. Unser Sonnensystem ist ungefähr 5 Milliarden Jahre alt.
Die ersten 2 Milliarden waren zu heiß.
Erst dann begann der Prozess der biologischen Evolution. Langsam...

ALL.

Ewigkeit

GOTT.

ZEIT.

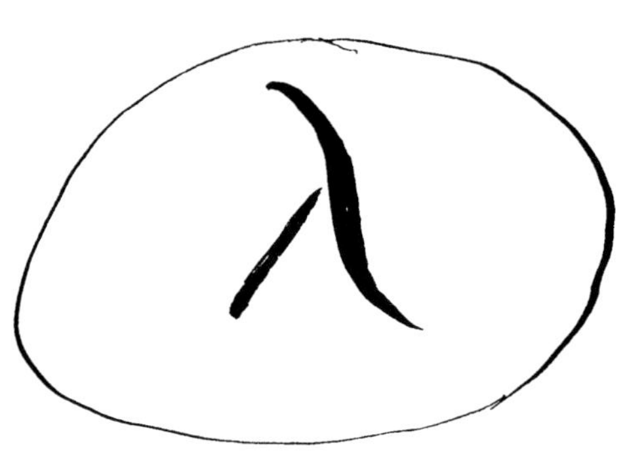

$$R_{kl} - \frac{1}{2} R g_{kl} + \lambda g_{kl} = -\varkappa T_{kl}$$

Der Zusammenhang zwischen der Krümmung der vierdimensionalen, nicht schwerefeldfreien

Raum-Zeit-Welt

und der die Metrik der erzeugenden Materie und Energie ist gegeben durch die 10 Beziehungen, die man als EINSTEINSCHE Feldgleichungen des Schwerefeldes bezeichnet.

λ = die kosmologische Konstante

Über das innere Wesen der Wirklichkeit:

Wir wissen, dass die Materie aus Elementarteilchen besteht, von denen bis heute 30 Arten bekannt sind und die sich ineinander umwandeln können. Diese Elementarteilchen bestehen nicht selbst aus Materie, sondern sie sind die einzig möglichen Formen der Materie. Die Energie wird zur Materie, indem sie die Form eines Elementarteilchens annimmt und sich in dieser Form manfestiert. Wir wissen weiter, dass die ganze Entwicklung der Physik immer mehr auf eine Mathematisierung der Welt hin verläuft, dass sie immer mehr in der Richtung läuft, nicht nur die Existenz der Elementarteilchen und aller aus ihnen bestehenden atomaren Gebilde, sondern damit indirekt die physikalischen Zusammenhänge der Welt überhaupt, einschließlich der Strahlungsvorgänge, als Folge mathematischer Strukturen, ja möglichst durch eine einzige Formel darzustellen.

$$\left(\gamma_\nu \frac{\partial}{\partial x_\nu}\psi \pm l^2 \gamma_\mu \gamma_5 \psi (\psi^+ \gamma_\mu \gamma_5 \psi) = 0\right)$$

Die Uhr stimmt immer!

ZEIT IST GELD.

Es gibt einen Anfang. Es gibt ein Ende.

Gott ist gerecht in seinen Werken.

Schweizer Uhren gehen richtig.

Keine Zeit ohne ZEIT.

Die Zeit heilt alle Wunden.

Kurz ist die Zeit, der Tod geschwind!

Gerhard Wünscher

Bachs Kantaten inszenieren?

I.

Geistliche Kantaten von Johann Sebastian Bach in Musik und Text unangetastet auf der Bühne zu bringen, ist noch immer außergewöhnlich. Peter Konwitschny hat damit 2008 an der Oper Leipzig begonnen. Inzwischen sind sechs Kantaten inszeniert worden. Zusammen mit Helmut Brade entschlossen und ausdauernd verfolgt, ist das als ein programmatisches künstlerisches Anliegen eines der großen deutschen Opernregisseure der Gegenwart anzusehen. Es ist offenkundig respektvolle Annäherung an das kirchenmusikalische Werk und allemal eine Hommage, aber zweifelsohne auch eine Herausforderung für die Künstler. Konwitschny, so äußerte er sich, führt die geistliche Musik deshalb szenisch auf, um dem heutigem Publikum den darin geborgenen Gehalt nahezubringen. Aufführungen, die sich ergänzend künstlerischer Mittel bedienen, das ist sein eigentlicher Anspruch, sollen eine durch die Verweltlichung unseres Gefühlslebens entstellte Rezeption Bachscher Musik erneuern. Das sei erforderlich, weil geistliche Musik im Konzertsaal und ebenso in der Kirche nicht mehr nach den ursprünglichen Gebrauchs- und Wirkungsabsichten rezipiert werde, deren religiöse und ethische Botschaften so zum hohlen Pathos verkommen seien. Das klingt nach wohlfeiler Zeitdiagnose. Ihr zu folgen, verlangt zu fragen, ob eine künstlerische Programmatik dem Anspruch, diese Leere füllen zu können, geistes- und wirkungsgeschichtlich betrachtet überhaupt gerecht werden kann? Das kulminierte in der Frage, was an die Stelle der Frömmigkeit, die Bachs Kompositionen und deren Wahrnehmung bestimmte, treten kann.

II.

Die tiefe persönliche Frömmigkeit Bachs, die seine (kirchliche) Musik wesentlich beeinflusst hat, sieht sich in seinen Äußerungen in existenziellen Lebenssituationen beglaubigt. Dass seine Autographe mit einem S. D. G. (Soli Deo Gloria) versehen sind, ist dieser Frömmigkeit geschuldet und nicht Ausdruck devoter Haltung gegenüber der Kirchenobrigkeit, die ihm mitunter förmliche Bekenntnisse abverlangte. Da war viel Nähe zum Luthertum im Spiel. Mit Luther war die der jüdisch-christlichen Tradition eingeprägte Verinnerlichung zur Individualisierung der Religion geworden und wurden die Wurzeln für die Idee der Mündigkeit und der Moderne gelegt. Dazu hat der Pietismus mittelbar beigetragen. Die Kirche wurde zu einer Kirche der Gemeinde. Bach ist diesem Wandel aus innerer Überzeugung gefolgt. Diese Zeit mit ihrem subjektiven, gefühlsbetonten und enthusiastischen Zug, den Glaubenskämpfen, aber auch dem Klima des Forschens und der Wahrheitssuche hielt widersprüchliche Einflüsse bereit. Der eigentlich schwer zu ermessende geistige Höhenflug des Künstlertums von Bach vollzog sich, indem er sich davon, ebenso von der Last und Beengung seines Alltagslebens lösen konnte. Regeln und Vorschriften, modifiziert durch rhetorische Figuren und die Affektenlehre, hatten der Komposition bis in das 18. Jh. ein enges Korsett gegeben. Obwohl eine neue Ästhetik vor allem Schönheit und Empfindung auszudrücken verlangte, ist Bach daran gar nicht interessiert. Seine Entwicklung als Komponist ermöglichte ihm schon längst, musikalische und liturgisch individuelle Spontanität mit dem etablierten Regelkodex zu vereinen. Die Menge glänzend ausgeführter Einfälle in seinen Kompositionen speiste sich nicht aus herkömmlicher Motiv- und Themenwahl auf der Basis üblicher rhetorischer Modelle. Sie sind Ergebnis kreativer Transformationen, Grenzen überschreitender Schöpfungsakte, atmen Weite und Universalität. Sie lassen konfessionelle Enge hinter sich. Und er unterlässt nicht, musikalisch-dramaturgisch Zeichen zu setzen, um als Künstler der (Nach-)Welt ein »Seht ihr, ich kann das alles!« mitzuteilen [Wolff]. Gerade die Kantaten, von seiner Gottesfürchtigkeit durchdrungen und dem liturgischen Rahmen verpflichtet, sind Ausdruck dieser künstlerischen Schöpfungsakte. Eine so unpietistische musikalische Form wie die von der Oper geprägte Kantate nimmt bei ihm sogar Züge pietistischer Frömmigkeit in sich auf. Deren Bindung an das Kirchenlied wurde im Grunde nicht mehr als zeitgemäß empfunden und traf auf Ablehnung. Bach hält um den Preis des Unpopulären und im Wissen um seine Gestaltungskraft daran fest. In der Art, wie der Gemeinde wohlvertraute Zitate aus dem Gesangbuch in die kunstvolle Struktur seiner Musik »hineinragen«, wird, dies ist seine Absicht, liturgisch frömmigkeitsprägende Wirkung entfaltet. Seine Musik vermittelt mit Mitteln großer Kunst Glaubensinhalte an die Gemeindemitglieder. Unterschiede in den Auffassungen von Kirchenmusik treten dahinter zurück. Es war Bachs Antwort auf pietistische Frömmigkeit, dass zur Erbauung des einzelnen Christen kein Einsatz von musikalischen Mitteln nötig, eher fragwürdig und gefährlich sei [Wolff].

III.

Die sorgfältig ausgewählten Texte der Kantaten sind größtenteils Ergebnisse ausgiebiger Auseinandersetzungen Bachs mit geistigen und theologischen Fragen. Die Bedeutung des Wortes wird daran erkennbar, dass der *Zweite Kantaten-Jahrgang* 1724 /25 nicht wie geplant zu Ende gebracht wurde, weil die Zulieferung von exegetisch fundierten Kantatentexten zum Stillstand kam [Wolff]. Im protestantischen Gottesdienst war nicht zuletzt durch Luther eine liturgisch verankerte Verbindung von Musik und Bibelwort entstanden. Dem widmete sich Bach, Zeitströmungen ignorierend, aus tiefer Überzeugung. Es war der Kirchmusiker, der sich die Pflicht auferlegte, über mehrere Jahre für jeden Sonntags- und Feiertagsgottesdienst eine von ihm komponierte Kantate zur Aufführung zu bringen, die liturgisch eine sorgfältig abgestimmte Funktion hatte. Dass dabei so viele die liturgischen Anforderungen übersteigende Kunstwerke entstanden, ist weniger als ein Wunder zu sehen. Es ist vor allem Zeugnis seiner normalmenschliches Maß überschreitenden Kreativität. Dabei nahm die Entwicklung von Bachs bildhaft-interpretierender musikalischer Sprache eine Wendung, die seiner Vorstellung entsprach, Wort und Musik zu verbinden [Bloch, Lucchesi, Wolff]. Poetische Texte werden wörtlich in einen musikalischen Klang übersetzt, und in figurativ-barocker Bildhaftigkeit spiegelt sich die Welt im Noten- und Klangbild: »Er setzt die Klangfigur zu der textlich beschriebenen, in der sichtbare(n) Welt gewordenen, er bringt dies Gewordene dadurch wieder zum tönenden Sprechen [...]. Von daher die Musikbilder des Schreitens, Zusammenbrechens, Niedersteigens, Auffahrens und so fort in den Kantaten und Passionen, ein ständiges Vor-Ohren-Führen der Szene« [Bloch].

Bach nutzt immer wieder markante Bibelworte oder Liedtexte, so auch *O Ewigkeit, du Donnerwort* (BWV 20), für die Kompositionen der Kopfsätze seiner Kantaten. Über den darin enthaltenen Schlüsselwörtern wie *Himmel, Pein, Ewigkeit, Gott, Verdammnis, Hoffart, Reichtum* etc. errichtet er musikalische Zeichen, die sich weit weg von den standardisierten Figuren der musikalischen Rhetorik der frühen Barockzeit befanden. Das trifft auf den Hang der Menschen des Spätbarocks, es zu genießen, sich Stimmungen auszuliefern. Da solche Gemütslagen nicht in Serie produziert wurden, kann diese Musik in die Tiefe der Seele vordringen, nicht in Worte zu fassende Erfahrungen artikulieren und zu geistlich konnotierter Urerfahrung von Jubel, Trauer, Not und Friede führen [Geck]. Da die (Leipziger) Kirchengemeinden in der ersten Hälfte des 18. Jh. in dieser Weise für religiöse Botschaften aufnahmefähig gewesen seien mögen, ist das wirkungsgeschichtlich vermutlich ein Höhepunkt der Rezeption von Bachs Musik gewesen. Der gleichfalls von ihm intendierte künstlerische, universalistische Ausdruckswert seiner Musik konnte von dieser Zuhörerschaft nicht im vollen Maße erkannt werden. Das blieb zunächst den Berufsmusikern vorbehalten. Heute wirkt es dagegen wenig übertrieben, wenn Bachs Schüler Johann Friedrich Agricola schon 1750 die musikalischen Neuerungen seines Lehrers mit denen Newtons in der Physik vergleicht. Beide fühlten sich in ihrem Wirken fundamentalen Prinzipien und dem wissenschaftlichen Erkunden verpflichtet [Wolff].

IV.

Musik hatte noch in der Bachzeit einen direkten, dann aber verblassenden »Himmelsbezug«. Dass mit der Bewegung der Himmelskörper auf den sie tragenden Kugeln, den Sphären, Töne entstehen, die einen harmonischen Zusammenklang ergeben, zählte zu Grundwahrheiten, die von Astronomen, Philosophen und Theologen gleichermaßen geteilt wurden. Der Glaube an Gott war mit dem Gedanken verbunden, dass das Ensemble von Himmelskörpern als etwas Geordnetes, als seine gigantische Maschine zu verstehen sei. Die Vorstellung, die Ordnung im Kosmos sei von Zahlen, geometrisch fassbaren Strukturen und musikalischen Harmonien bestimmt, gehört zu den ältesten Glaubensinhalten der Menschheit. Unter der Annahme solcher kosmologischen Modelle hat Kepler nach Proportionen und ordnenden geometrischen Formationen gesucht und die Gesetze der Planetenbewegung gefunden. Die waren für ihn Ausdruck einer Weltharmonie, die der Schöpfer dieser Welt gegeben hatte. Er sprach von einem harmonischen Gesetz, das eine musikalische Harmonie enthülle, die im Sonnensystem verewigt sei. Vorstellungen, dass die Geometrie mit dem Kosmos und zudem mit der Musik verbunden ist, waren in der Barockzeit sehr bestimmend. Neuere Untersuchungen zu geometrischen Strukturen, die in den Planetenbewegungen gesehen werden können, zeigen, auf das Phänomenologische begrenzt, verblüffende Übereinstimmungen u. a. mit der Oktav-Struktur der Musik [Warm]. Der Musiker der Barockzeit war sich der Abhängigkeit seiner Musik von der himmlischen Musik und der Endzeitlichkeit des Daseins bewusst: der Mensch ein Wartender, Hoffender, besorgt um die Erfüllung der Verheißungen ewiger Seligkeit, dem war die Musik auf Erden ein Vorgreifen auf das himmlische Reich. Das gilt besonders für Bach. Seine Musik hat hier ihre tiefe Verwurzelung [Dammann].

V.

War es noch zu Bachs Zeiten nahezu ausgeschlossen, nicht an Gott zu glauben, so ist der Glaube an Gott heute als Folge der zunehmenden Verweltlichung aller transzendenten Gehalte zu einer Option neben anderen geworden. Jean Pauls *Rede des toten Christus´ vom Weltgebäude herab, dass kein Gott sei* im Roman *Siebenkäs* (1796) ist noch als Traum dargestellt, aus dem der Erzähler erleichtert erwacht. Doch ist damit der Beginn der (doktrinalen) Gottesleugnung des 19. Jh. von Feuerbach, Schopenhauer, Nietzsche, Marx und Haeckel markiert. Nietzsches *Gott ist todt! … und wir haben ihn getödtet* wird ob seiner Zuspitzung in diesem Kontext besonders oft zitiert. Er erteilt damit Vertröstungen auf ein besseres Leben im Jenseits eine Absage. Es ist aber gerade er, weder ganz Atheist noch ganz gläubiger Christ, der auf ambigue Weise im Christentum verfangen bleibt [Ross]. Religionssoziologische Theorien sind sich hinsichtlich der Tendenzen und des Ausmaßes einer Verweltlichung ihrer Erklärungspotentiale gar nicht so gewiss. Einig sind sie sich lediglich darin, dass die Modernisierung, wie immer auch definiert, einen Effekt hat, der zu einem Bedeutungsrückgang der Religion geführt hat. Wobei die Subtexte solcher Aussagen oft die Relativierung bereithalten, dass mehr die Kirchen, weniger die Religionen an Bedeutung verlieren. Wenn Religion angemessen definiert wird, scheint nicht einmal in den Ländern Westeuropas deren Zuspruch abgenommen, sondern sich nur ihren Formen gewandelt zu haben. Sie tritt heute weniger institutionalisiert, sondern mehr individualisiert auf. Marginalisiert ist sie keinesfalls. Dass die Religion dazu bestimmt sei, durch Wissenschaft ersetzt zu werden, wird heute selten vertreten [Pollack]. Der Transzendenzbezug von Welt und

Mensch ist in der Moderne nicht verloren gegangen. Der Rahmen dafür verändert sich aber. Der kulturgeschichtlich vollzogene Vorgang der Entgötterung der Welt mit dem Einbruch des Christentums in die römische Welt, der deren Betrachtungen unter einem sich verringernden Gewicht von Religion und Kirche (durch die Wissenschaft) möglich gemacht hat, hat darauf Einfluss genommen. In den Tiefenschichten der Psyche ist dem Menschen der Bezug zu Etwas jenseits von Erfahrung und vorfindlicher Wirklichkeit möglich. Im Gefolge der Individualisierung der Religionen gibt es nach wie vor lebendige Formen einer daran anknüpfenden Frömmigkeit; die mit denen der Barockzeit zu vergleichen, würde hier zu weit führen. Solche Ausprägungen eines Glaubens werden mehr denn je in Abstand zu den etablierten Kirchen gelebt. Dadurch fehlt eine theologische Reflexion solcher Haltungen, die erscheint diesen Glaubensformen destruktiv und bedrohlich. Das ist insofern problematisch, weil es gelegentlich in Sackgassen endet und mit einer Öffnung gegenüber fundamentalistischen Strömungen einhergeht [Schnädelbach].

Durch die Modernisierung hat sich der Blick vom Himmel abgewendet und damit die Konnotation der in den Kantaten verwendeten Schlüsselworte religiöser Gefühlsdimensionen grundlegend verändert. Der Mensch sieht sich heute in seinem Tun und seiner Verantwortung, selbst wenn er die Welt noch als Schöpfung begreifen kann, mehr auf diese Welt verwiesen. Die Gefährdung der Welt, zu der der Mensch heute fähig ist, lassen es vernünftig erscheinen, an die Grenzen dessen zu erinnern, dass diese als Rahmen der Entfaltung des Menschseins gegeben ist. Eigentlich setzt eine solche Einsicht nicht ein Bewusstsein von Transzendenz voraus. Aber die Vorstellungen, sich auch in dieser Hinsicht vor einer transzendenten Größe namens Gott zu verantworten und an die Unabdingbarkeit der Bindung an Unverfügbares erinnert zu werden, ist in modernen Gesellschaften immer noch verankert [Kühn].

VI.

Bachkantaten werden heute auch ohne religiösen Bezug gehört. Besonders mit Bach verbinden sich aber jene immer wieder Verwunderung veranlassende Bekundungen der Wirkung dieser Musik auf die Hörer. Vom 1995 in Paris verstorbenen Philosophen Émile Michel Cioran stammt die Mutmaßung, dass Gott nach einem Oratorium, einer Kantate oder einer Passion existieren müsse, sonst wäre »das ganze Werk des Kantors nur eine herzzerreißende Illusion«. Der Bach betreffende zweite Teil der Aussage hält für den Hörer eine Zumutung parat, dass ohne Gott Bachs geistliche Musik nicht zu haben zu sein scheint. Es bliebe aber die Zuversicht, dass das Universalistische seiner Musik den Hörer doch erreichen könnte, und die Vermutung, dass das in seinen über den Kantor hinausweisenden Absichten als Künstler gelegen haben könnte. Thomas Neuhoff, Dirigent und Kirchenmusiker, musikalischer Leiter des Kölner Bachvereins, will an seinem Konzertpublikum, das sich geistlichen Inhalten eigentlich gar nicht öffnen möchte, beobachtet haben, sich besonders von Bachs Musik ansprechen zu lassen und diese fast spirituell zu erleben, was heute durch einen Gottesdienst so nicht mehr möglich sei. Die Musik von Johann Sebastian Bach scheint bis in die Gegenwart hinein auch Menschen, die sich schon lange vom Christentum verabschiedet haben, zu erreichen. In dieser Tendenz argumentiert Ernst Bloch in seinem Hauptwerk *Das Prinzip Hoffnung*, in dem er sich sehr umfassend zur Musik und den *durch Musik berührten Menschen* geäußert hat. Er traut dem musiklosen, puren Kirchentext z. B. zum Todesthema nicht mehr zu, Glauben im Menschen zu wecken, doch sieht er in der Musik davon etwas weiterleben. Deshalb könne die Kirchenmusik – ungeachtet ihres nicht geglaubten Textes (Gott ist tot) – noch darin eingeschriebene Betroffenheit und Erschütterung hervorbringen. Dabei sieht Bloch, dass es gerade die zu Bachs Zeiten von der Kirche beargwöhnte Art von Musik ist, welche angeblich zur Sünde verführe und vom frommen Text ablenke, die heute die christliche Botschaft rette. Er stellt fest, »dass das gleiche Quinquilieren, das früher den Kirchentext überwucherte und deshalb, als Ablenkung, von der Kirche verboten wurde, nun den Kirchentext rettet und eben genießbar macht.« Für Bloch, so Lucchesi, ist hier ein Medium, das zum Aufbruch, zum Unterwegssein zu Besserem stimulieren kann und dabei nicht nur innere Welten freisetzt, sondern vor allem tätiges, auf Zukünftiges gerichtetes Handeln. Die überkommene Musik enthielte ein bislang unverbraucht-neues, unabgegoltenes, erwünschtes, ja ersehntes Potenzial, das auch ihren zukünftigen Hörern erhalten, erkennbar bleibt und sie zu endlich glückendem Dasein aufrufen kann. Aus diesem Ansatz heraus wäre verständlich, warum sich Bloch in seiner Philosophie der Hoffnung immer wieder paradigmatisch auf einzelne Musikwerke stützt und darin gefassten Detail nachgeht. Dieses »Hoffnungsmaterial« sieht Bloch in Bachs Kantaten.

VII.

Heute ist der Blick in den Himmel der Blick der Weltraumteleskope. Es wird Licht empfangen, das buchstäblich in der ersten Sekunde der Entstehung des Kosmos vor dreizehn Milliarden Jahren ausgesandt wurde. Die Vorstellung an sich und die übermittelten Bilder sind ein Faszinosum: *erhabene Sinnlosigkeit, leblose, kreisende Feuer, willkürlich ausgeschleudert und zusammengeworfen in all ihrer Gewalt* (R. Schneider).

»Wir haben uns an das Wort Lichtjahre gewöhnt und an sechs- oder siebenstellige Zahlen davor: aber wer ist imstande den Raum sich vorzustellen, den das Licht in einem Tage, in einer Stunde durcheilt! Und dann steigen und sinken die grenzenlosen Nächte, und wir gehen unter in ihnen und dahin. [...] Wir können nicht mehr aufblicken wie der fromme Kepler: was uns durchschauert, ist erhabene Sinnlosigkeit, leblose, kreisende Feuer, willkürlich ausgeschleudert und zusammengeworfen in all ihrer Gewalt unter der Übermacht der Nacht; und dazwischen irrend an unscheinbarer Stelle diese unsere Zauberinsel des Lebens und Geistes, der Schuld und des Todes. Wir kennen vielleicht das Baugesetz, was ja nur heißt, dass wir glauben, es experimentierend und beobachtend, nicht aber schauend erkannt zu haben, aber wer wagt, von einem Plan zu reden der Weltharmonik, gegenüber diesem Treiben und Sich-verlieren und Auseinandertreiben ... Aber wer vermag es, den Gott, den der Mensch in seinem Inneren begegnet, [...] als den Gott dieses Alls zu verstehen! [...]« Reinhold Schneider Der Balkon. Aufzeichnungen eines Müßiggängers in Baden-Baden.

Größe und Alter des beobachtbaren Universums sprengen jeden Maßstab des Alltagsverstandes. Die kosmischen Ausmaße zu begreifen, übersteigt menschliches Fassungsvermögen. Diese Größenverhältnisse, wird sich der Mensch deren bewusst, können Veranlassung für große, metaphysisch grundierte Gefühle sein. Aber heute ist *der Ursprung der Welt ... nicht mehr bloß ein Thema von archaischen Mythologien oder metaphysischen Spekulationen, sondern ein respektabler Zweig der modernen Naturwissenschaft. Diese stützt sich auf zahlreiche Tatsachen astronomischer Beobachtungen, die es erlauben, die Entwicklung des Universums zu rekonstruieren – bis zurück zu seinen ersten Sekundenbruchteilen* [Vaas]. Es gehört zu einer der größten kollektiven Leistungen der menschlichen Geschichte, dies modellhaft sehr detailliert darstellen zu können, zeigen zu können, wie sich der Kosmos mit Milliarden von Galaxien von dieser ersten Sekunde an entwickelt hat. Erklärt wird das in weitem Maße auf der Grundlage von Einsteins Relativitätstheorie. Die Architekten dieses Modells sind nicht wie Albert Einstein – sie hätten es verdient – zu Popstars geworden. Der Urknall, der Anfang unseres Universums, und der Verlauf bis zu einem ersten Sekundenbruchteil, entzieht sich gegenwärtig noch einer wissenschaftlichen Erklärung, weil unter diesen Bedingungen die bekannten Naturgesetze, vor allem die Relativitätstheorie ihre Gültigkeit verlieren. Insofern ist ungeklärt, welche physikalische Entsprechung der Urknall hätte. Selbst die Frage, ob nur dieses eine Universum existiert, bleibt offen. Von dieser letzten der möglichen Kränkungen der Menschheit sind wir gar nicht so weit entfernt: Es gibt schon Nobelpreis-gekrönte Modelle (Penrose), die bekräftigen, dass »das Universum, in dem wir uns entwickeln, weder das erste noch das letzte wäre«. Und, das müsste man hinzufügen, nicht das Einzige wäre. Die Behauptung, dass sich am Anfang all diese Galaxien in einer winzigen Einheit zusammenballten, ist nicht ganz unbestritten. Und es trifft wohl zu, dass einer mythologischen Erzählung, die das behauptet hätte, jeglicher Wahrheitsgehalt abgesprochen worden wäre (Easterbrook). Seit dem Urknall dehnt sich das Universum räumlich auf Ewigkeit aus. Die Stabilität des *bestirnten Himmels über uns*, seit Urzeiten mit dem Blick zum Himmel eine mit Gottesvorstellungen verwobene Konstante im menschlichen Denken, hat es also nie gegeben. Mehr als nur metaphysisch ist damit die Frage verbunden, ob das der absolut erste Anfang des Universums und sogar der Anfang der Zeit war. Wie konnte überhaupt vor mehr als 13 Milliarden Jahren plötzlich aus dem Nichts etwas entstehen? Es gibt die Versuchung, diesen Anfang mit einem Schöpfergott in Verbindung zu bringen. Dem sollte nicht nur deshalb widerstanden werden, weil die Vorstellung des Urknalls als absoluter Ursprung sich schon wissenschaftlich relativiert sieht, sondern weil seit Kant Vorsicht bei dem Versuch geboten ist, Beweise für oder gegen Transzendentes (Gott) zu führen. Insofern ist Hawking zweimal auf dem Holzweg gewesen: Einmal, wenn er zunächst behauptete, mit einer vereinheitlichten Theorie zu den vier fundamentalen Naturkräften (»Weltformel«), »würden wir Gottes Plan kennen« und zum andern, wenn später bei ihm »spontane Erzeugung der Grund (ist), warum etwas ist und nicht einfach nichts, warum es das Universum gibt …« Es sei also nicht nötig, Gott als den ersten Beweger zu bemühen [Lennox, Vaas]. Von Frühwald stammt der von einer Vereinbarkeit der Naturgesetze mit einem Schöpfergott wegführende Gedanke, dass die Welt und die Kenntnisse von ihr derart komplex geworden seien, dass diese Welt als Ganzes nicht mehr gedacht werden könne. Somit müsste der (emotionale) Beweis Gottes aus der Signatur seiner Schöpfung (durch Wissenschaft - GW) auch ein Fehlschluss sein, der die Größe Gottes minimiere. Das führt zu dem Fazit: Wer Gott überhaupt finden will, muss ihn außerhalb der erfahrbaren Welt oder in sich selbst, in moralisch-ethischen Prinzipien suchen. Der Agnostiker Umberto Eco hat zum (christlichen) Modell einer universalen Liebe, der Vergebung für die Feinde und des zur Rettung der anderen geopferten Lebens erklärt: »Wenn ich ein Reisender aus einer fernen Galaxie wäre und vor einer Spezies stünde, die sich dieses Modell zu geben gewusst hat, würde ich überwältigt ihre enorme theogone Energie bewundern und würde diese jämmerliche und niederträchtige Spezies, die so viel Gräuel begangen hat, allein dadurch als erlöst betrachten, dass sie es geschafft hat, sich zu wünschen und zu glauben, dies alles sei Wahrheit«[zitiert nach Frühwald].

VIII.

Zurück zur Frage, ob durch Inszenierungen der Kirchenkantaten Defizite an Religiosität und Spiritualität heute zuschauender Hörer zu kompensieren sind. Dafür scheint viel zu sprechen. Mit den in ihrer Frömmigkeit und ihrem Weltempfinden besonders empfänglichen Gottesdienstbesuchern der Thomaskirche im Jahre 1725 lässt sich das heutige Publikum nicht vergleichen. Dennoch fällt einiges ins Gewicht, das Überlegungen zu den Bedingungen der Rezeption in Betracht ziehen sollte: Überraschend und doch auf den zweiten Blick plausibel sind die vielfachen Zeugnisse, wie die Musik Bachs heute Menschen in einem emotional sublimen Sinne erreicht, die nicht (mehr) religiös empfinden. Die universalistische Dimension seiner Musik scheint eine große Wirkung entfalten zu können und dabei nicht auf eine manifeste religiöse Gestimmtheit angewiesen zu sein. Abgesehen davon ist immer noch ein hoher Anteil von Menschen in der Gesellschaft zu sehen, die sich religiös bekennen. Der springende Punkt ist, dass sich religiösen Schlüsselworte und Musik heute beim Hörer nicht mehr im von Bach so kunstvoll hergestellten Einklang befinden. Das ist im Kern das von Konwitschny beklagte Defizit bei der Rezeption von Bachs Musik. Das wird nicht immer so deutlich artikuliert, aber eine sich ausweitende Flankierung von Aufführung im Besonderen und der Bachrezeption im Allgemeinen ist bemüht, Abhilfe schaffen. Und es ist längst nicht mehr allein Sache der Musiker. Indem vielerorts solcherart Programmatik gefolgt wird, sehen sich die Protagonisten von Musiktheorie, Philosophie, Theologie, Literatur, Theater, (bildende) Kunst in der Pflicht bei der Vermittlung des vielgestaltigen und an Facetten reichen Werks von Bach mitzuwirken. In einem interdisziplinären

Zusammenwirken (das oft genug schon selbst als Aufführung angelegt ist) entstehen gehaltvolle, der Komplexität des Schaffens von Bach angemessene Subtexte, die der heutigen Rezeption dienlich sind und möglicherweise die benannten Defizite, wenn nicht kompensieren, so doch benennen und interpretieren können. Der universalistische, den Kirchengebrauch übersteigende Charakter, den Johann Sebastian Bach seiner Musik geben konnte, rechtfertigt und verlangt sogar diese Form der Aneignung. Unter einem solchen Anspruch sind die Inszenierungen der Bachkantaten von Konwitschny und Brade zu sehen.

Referenzen: Walter Bankenburg Bachs kirchengeschichtlicher Standort und dessen Bedeutung für das gegenwärtige Bachverständnis, Archiv für Musikwissenschaft 10. Jg. / 1953. H. 4. S. 311-322; Blankenburg, Walter. Der Harmonie-Begriff in der lutherisch-barocken Musikanschauung. Archiv für Musikwissenschaft 16. Jg. / 1959. H. 1./2., S. 44-56; Ernst Bloch Das Prinzip Hoffnung (Ausgabe in 5 Teilen / Teil 5, Kapitel 33-45), suhrkamp taschenbuch wissenschaft 423. Frankfurt a. M. Suhrkamp 1993; Rolf Dammann Der Musikbegriff im deutschen Barock. Köln. Arno Volk 1967; Rainer Enskat Aufklärung Wissenschaft Religion – Zur Genese und Struktur unseres neuzeitlichen Spannungsfeldes. Hamburg. Meiner 2022; Wolfgang Frühwald »Und Gott sah, dass es gut war …« – Der Schöpfer und das Gesetz der Evolution. In: Joachim Klose. Jochen Oehler (Hrsg.) Gott oder Darwin? Vernünftiges Reden über Schöpfung und Evolution. Berlin Heidelberg. Springer 2008. S. 13-26; Marin Geck »Denn alles findet bei Bach statt« – Erforschtes und Erfahrenes. J. B. Metzler Stuttgart Weimar 2000; Ulrich Kühn Säkularisierung und Religion, in Denkströme. Journal der Sächsischen Akademie der Wissenschaften. Heft 5 / 2010. S. 203-213; John Lennox Stephen Hawking, das Universum und Gott. Ulm. SCM R. Brockhaus 2011; Joachim Lucchesi Musik als intensivste Form der Überschreitung. In: Ernst Bloch: Das Prinzip Hoffnung. Hgg. Rainer E. Zimmermann. Berlin Boston. Walter de Gruyter 2017; Christhard Mahrenholz Gedenkrede anlässlich der Feier des 200. Todestages Joh. Seb. Bachs am 28. Juli 1950 in der St. Thomae-Kirche zu Leipzig. BachJB 39. Jg. / 1951. S. 5-15; Detlef Pollack Säkularisierung. In: Detlef Pollack u.a. (Hrsg.) Handbuch Religionssoziologie. Wiesbaden. Springer VS 2018. S. 303–328; Johann Rist. Himmlische Lieder. Lüneburg. Stern 1642; Werner Ross Der ängstliche Adler. Friedrich Nietzsches Leben. Deutscher Taschenbuch Verlag 1984; Herbert Schnädelbach Religion in der modernen Welt. Frankfurt a. M. Fischer Taschenbuch (Band 18360) 2009; Reinhold Schneider Der Balkon. Aufzeichnungen eines Müßiggängers in Baden-Baden. Frankfurt a. M. Insel 2000; Theater Chur / Programmheft O Ewigkeit, Zeit ohne Zeit. Peter Konwitschny inszeniert die Bachkantaten BWV 102 &20. Chur 2014; Rüdiger Vaas Hawkings neues Universum – wie es zum Urknall kam. Stuttgart Franckh-Kosmos 2010; Hartmut Warm Die Signatur der Sphären - Von der Ordnung im Sonnensystem. Hamburg. Keplerstern. 2011; Christoph Wolff Johann Sebastian Bach, Frankfurt a. M. S. Fischer 2000

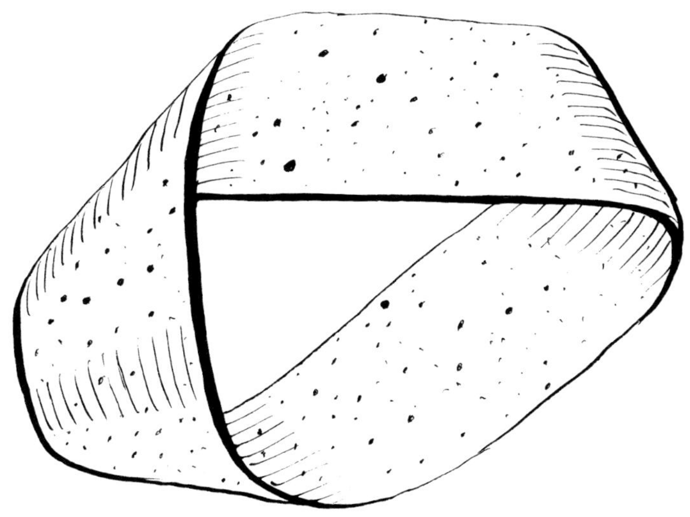

Raumzeit:
Der vierdimensionale Raum,
dessen Punkte Ereignisse sind.
Singularität (z. B. Gott): Ein Punkt
in der Raumzeit, an dem die
Raumzeitkrümmung unendlich ist.

Simone Danailowa
Ophelia zwischen den Welten

(Kammeroper)

Galerie am Fischmarkt Erfurt
Musikalische Leitung: Simone Danailowa
Szenische Einrichtung: Alena Fürnberg
Installation: Gregg A. Schlanger
Premiere am 27. Oktober 1994

Während Jeanne-Claude und Christo sich vorbereiteten, den Reichstag in Berlin zu verhüllen und ihre Kunst in den öffentlichen Raum zu stellen, entstand 1994 in Erfurt im Zusammenhang mit dem Configura-Projekt eine außergewöhnliche Ausstellung in der Galerie am Fischmarkt mit dem Titel *American Water und Thüringer Glas*. Der amerikanische Künstler Gregg A. Schlanger inszenierte eine Landschaft im Innenraum, mit 17 Wasserfällen zwischen den einzelnen Etagen der Galerie, unterbrochen von Pyramiden und Säulen aus Lauschauer Glas.

Das war ein großartiger Raum für die Kammeroper *Ophelia zwischen den Welten* für einen Sopran und ein Tonband von Simone Danailowa, nach einem Gedicht von Rajzel Zychlinski (1910-2001):

Ophelias Kleid

Oftmals probier ich Ophelias
Kleid an, von Lilien gewebt
und von Topasen
und spiegele mich im Wasser;
da enden die Wege, da
beginnt das Land.
Alles wartet auf erste Schritte,
auf letztes Schluchzen.

So sollte es sein:

Nach einem Kampf zwischen Sein und Nichtsein, liegt Ophelia ohnmächtig oder schlafend, angetan mit Wollmütze, schweren Stiefeln und eingehüllt in einen alten grauen Mantel am Wasser. Neben ihr ein alter Koffer. Sie erwacht. Öffnet den Koffer, entnimmt eine verstaubte Rose, zerreisst ein Foto, Briefe, Zettel. Faltet Schiffchen, setzt sie auf das Wasser. Streift die Mütze ab, zieht den Mantel aus, die schweren Schuhe. Plantscht mit den nackten Füßen im Wasser und verlässt erfrischt und leichtfüßig unter dem Rauschen des großen Wasserfalls, der gleichzeitig ausgelöst wird, die Szene. Sie ertränkt sich nicht. Sie lässt den Jammer hinter sich. Die Briefe schwimmen davon.

Die Zuschauer standen dicht um die Sängerin herum. Der Inhalt des Koffers sollte wenigstens den Anschein von Liebesbriefen erwecken.

Beim Abendessen bat ich Brade, den Schriftkünstler, um ein Gekritzel auf Zetteln. Vielleicht mal ein Herz, vielleicht mal die Namen Hamlet oder Ophelia. »Irgendwie – egal – wir kopieren es, und dann wird es eh weggeschmissen«.

Brade, als Spezialist für Liebe und Liebesbriefe nutzte die Gelegenheit. Als ich nach dem Abwasch ins Zimmer kam, lag die Geschichte Hamlets, dem Staatsraison wichtiger ist als eine Liebesaffaire, lagen die Zeugnisse einer entflammten und erloschenen Liebe fix und fertig auf dem Tisch.

A. F.

Ophelia

zwischen den Welten.

Kammeroper für einen Sopran
von
Simone Danaylowa.

Ophelia (Sopran) ...... Sybille Arnold.
Einrichtung von Alena Fürnberg
in der
Galerie am Fischmarkt
in Erfurt
in der Installation « American water & Thüringer Glas » von Gregg A. Schlanger (USA).

Donnerstag, 27. Oktober 1994,
18^{30} und 20^{00} Uhr.

Sonntag

Liebe Ophelia!

Wohl bemerkte ich die Träne
auf Ihrer Wange.
In meinem Herzen wurde
sie zu einem tiefen See
der Trauer, den auszuschlürfen
wohl mein ganzes Leben
nicht reichen würde.
So erlauben Sie mir ein Treffen
morgen nachmittags, daß ich
Ihr Herz und das meine besser
vom Mißverständnis unserer Begegnung
befreien könnte.

H.

Liebe Ophelia!

Seit ich Dein Auge sah,
Ist mir der Schmerz so nah,
denn ohne dieses Licht
bin ich nicht.

Rot und rund
Ist Ihr Mund.
Alle Welt
ist nur Schund.

Ohne Sie ginge ich nach Deutschland,
wo ich sicher eine andere fand,
die will ich nimmer mehr
auch sonst nichts, nichtmal Ehr.

Bin ganz und gar verrückt,
Völlig durch Sie bestrickt.
Es sticht das Herz
o, süßer Schmerz.

Mein Degen sticht nicht mehr,
seit ich Dich liebe sehr,
wenns anders wär,
gäbs Leiden todesschwer.

Liebe Ophelia, die schlaflose Nacht gab mir diese Strophen ein. Nun können Sie wählen, Liebe oder Tod, welch einfache Lösung, außer, daß mich das Vaterland ruft, und ich müßte zur Erhaltung der Ordnung morden. Aber dieses Schreckliche wird nicht Wahrheit werden.

H.

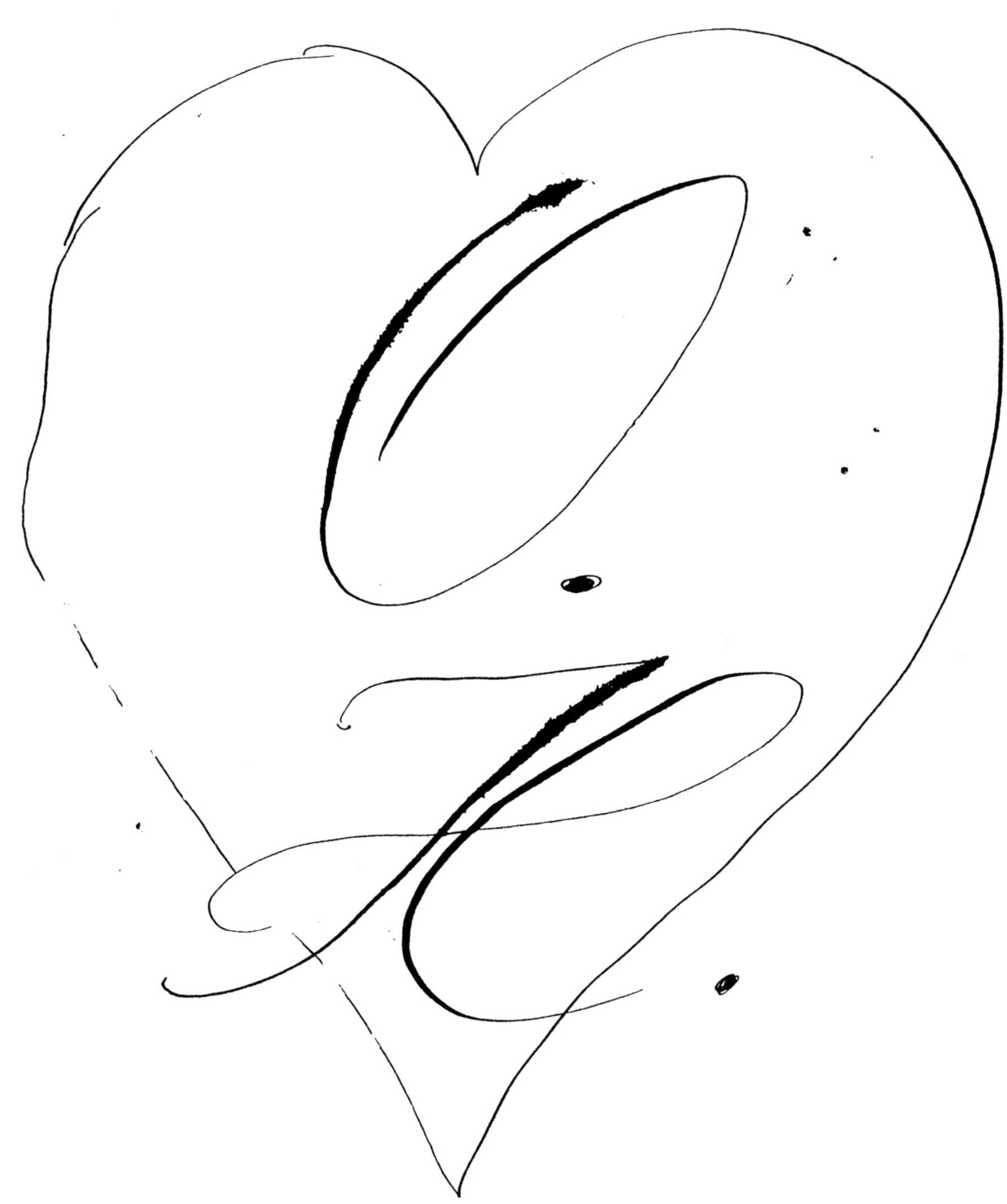

Sonntag

Liebe Ophelia.

Liebe Ophelia.

Liebste Ophelia.

Allerliebste Ophelia.

Ophelia.

Phelia.

Helia.

elia.

a.

H.

Mein Blut .....

Ophelia!

- - - - - - - - - - - -

- - - - - - sehr . . - . -

- - - - - - - . - - - . - - - -

- - - - . sehr . . . . -

- - - - - - - - . . sucht . . - . -

- - - - - - - - - - - - - - - -

Dein Hamlet

Montag

Liebe Ophelia!

Gestern, als ich Dich sah am Nachmittag, konnte ich den weiteren Tag nichts anderes mehr denken als die wunderbare Linie, die von Deinem schönen Hals werweißwohin führt.

H.

Dienstag

Ophelia, als Laus in Ihrem schönen Haar wohnen zu dürfen oder als Eierkuchen in Ihren schönen Körper zu schlüpfen. Das wären Wünsche, deren Erfüllung mir wohl niemals beschieden sein werden.

So nun bleibt mir nichts, als in meiner Einsamkeit vor diesem einen blonden Haare zu weinen, das mein Diener neulich in der Kirche von Ihrem Platze aufgehoben hat, nachdem Sie die Messe verlassen.

H.

Mittwoch

Geheim!

Ophelia — — — — — — — —
können wir
— — — — — — — — — — — —
uns morgen . . . . 6 $^{\underline{oo}}$ Uhr
. . . . im Park an
der zerborstenen Ulme treffen?
Ich warte . . . . auch wenn nur
der Morgentau mein Lohn
sein wird.

H.

Donnerstag

Ophelia,

Nein, nein, nein ...... diese Härte Ihres Herzens kann ich nicht ertragen. Lassen Sie uns die Unglücklichkeiten unserer Eltern nicht auf unsere Liebe übertragen. Sie haben es geschafft ——— ich darf nun das Haus nicht mehr verlassen. Was soll ich tun ....

Ihr Bild umgibt mich in allen Augenblicken meines Lebens. Mein Herz: eine rasende Hölle. Ich werde nichts mehr essen und trinken, ehe Sie mir eine beglückende Depesche durch Ihre Dienerin zukommen lassen.

Ja ——— ich werde sterben, nur allein als Opfer Ihrer Verschlossenheit.

Welche Wonne ....

Als Skelett wird man mich finden, in der Knochenhand nur den Zettel mit meinem einzigen Wunsch!

Ophelia

Dein unglücklicher H.

Freitag

Liebe Ophelia,

vergiß, was ich gestern geschrieben habe. Ihr Brief hat mir allen Lebensmut zurückgegeben. Morgen sehen wir uns. Wer mich hindert, wird sterben und wäre es meine eigne Mutter.

H.

Sonnabend

Ophelia so ganz und gar ist mein ganzes Wesen von Deiner Liebe durchdrungen und dennoch — ich hasse mich für alles, was ich Dir angetan habe in Gedanken und mir gegenüber nicht mehr gut machen kann.

Verzeih mir, Du kannst von all diesen Qualen nichts wissen. Vergiß mich, oder nein, vergiß mich um Gottes Willen nicht. Ich dachte immer Liebe wäre schön; nun weiß ich, sie ist eine Qual ohne Ende.

Morgen wieder an der Ulme.

Dein H.

Montag

Sehr geehrtes Fräulein Ophelia!

In Anbetracht meiner Verantwortung für mein Vaterland bin ich leider gezwungen, demnächst meinen Onkel umzubringen.

Meine Mutter wird das leider auch erheblich betreffen.

Ihnen möchte ich nun nicht länger meine Liebe aufzwingen und bitte Sie herzlichst, ~~Sie~~ mich aus Ihrem Herzen (haben Sie eines?) zu streichen.

Verbindliche Grüße

Hamlet

p.s. Der Unfall mit Ihrem Herrn Vater tut mir leid!!

Dienstag

Fräulein Ophelia

tuen Sie bitte nicht
dumm, es geht wirklich
um wichtigere Dinge,
als unsere kleine,
wenn auch damals schöne,
Liebe.

Das Vaterland braucht jetzt
mich, außerdem kleben
an meiner Hand genug
Verbrechen, so ich nicht mehr
unbedingt unbefangen Ihren
schönen Hals berühren
würde.

Vielen Dank für alles
Frühere

Ihr H.

Sylvester

Ophelia !

Ein Jahr ist vergangen.

Ich höre leider von Ihrer Krankheit.

Wünsche gute Besserung !!

Ihr H.

p.s. Wenn Sie irgendeine Hilfe bräuchten, wenden Sie sich an mein Sekretariat. Bitte keine finanziellen Gesuche !!!

Ludwig van Beethoven
Fidelio

Theater Basel
Musikalische Leitung: Michael Boder
Inszenierung: Peter Konwitschny
Bühnenbild: Helmut Brade
Kostüme: Katrin Scholz
Premiere am 15. September 1989

Die Oper nach dem Libretto von Joseph Sonnleithner und Friedrich Treitschke spielt in Sevilla, Ende des 18. Jahrhunderts. Ein Freiheitskämpfer (Florestan) ist eingekerkert. Seine mutige Frau (Leonore) will ihn befreien. »Tötet erst sein Weib!« Es geht aber dann doch gut aus.

Die erfolglose Uraufführung fand 1805 in Wien statt, die Premiere der Neufassung 1814, ebenfalls in Wien.

Geheim!

Herr Gouverneur!

Ich gebe Ihnen Nachricht, daß der Minister in Erfahrung gebracht hat, daß die Staatsgefängnisse, denen Sie vorstehen, mehrere Opfer willkürlicher Gewalt enthalten. Er reist morgen ab, um Sie mit einer Untersuchung zu überraschen. Seien Sie auf Ihrer Hut, und sehen Sie sich sicherzustellen.

Ihr +++

22.5.14

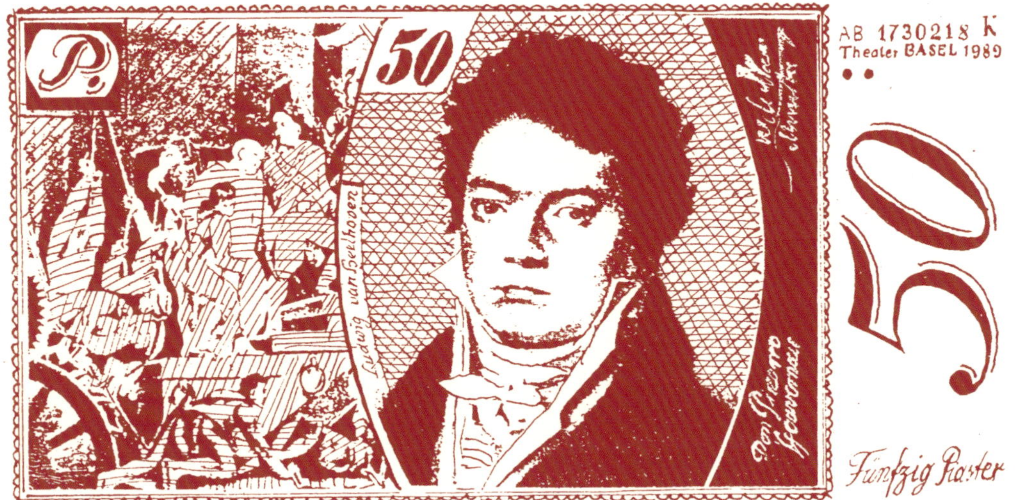

J. Sonnleithner
Schmied

Rechnung No 72 | Datum 23. Mai 1814

5	kleine Kettenglieder à 0,45	2	25
4	große Kettenglieder (neu) à 1,50	6	—
1	Schloß repariert und geschiert	2	10
1	Haken	—	15
12	kleine Haken à 0,07	—	84
	Farbe und Oel	—	60
	Endkontrolle	—	20
	Summa Piaster	12	14

Betrag dankend erhalten:

J. Sonnleithner

1988

George Bizet
Carmen

Landestheater Halle
Musikalische Leitung: Christian Kluttig
Inszenierung: Peter Konwitschny
Bühnenbild: Helmut Brade
Kostüme: Katrin Scholz
Premiere am 25. Dezember 1988

Don José dient bei den Dragonern. Seine Freundin Micaela bringt von der Mutter Grüße, Geld und einen Brief. José ist aber in Carmen, eine Arbeiterin in der Zigarettenfabrik, verliebt. Sie hat einen Streit entfacht und wird kurzzeitig verhaftet. Nur wenig später beginnt die erschreckende Tragödie, weil Carmen nicht bürgerlich bindungfähig ist und sich in einen Torero verliebt.

José!

Führe Dich weiter so gut auf, mein Kind. Vielleicht kannst Du ein kleines Amt kriegen. Ich wünsche, Du würdest zu mir ziehen. Eine Frau für Dich zu finden, wird uns sicher nicht schwerfallen.

23. 12. 1875

M.

Don José a Sevilla

Don José!

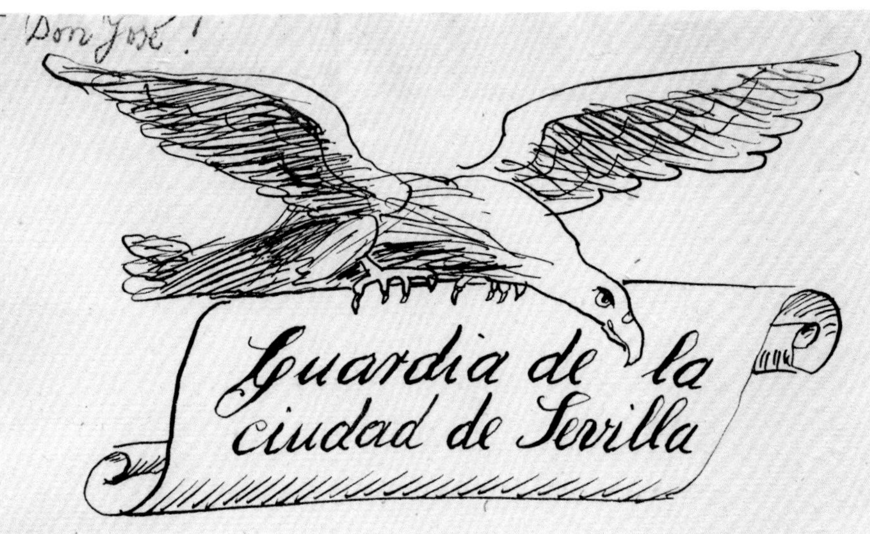

SEVILLA: 25. 12. 1875

HAFTBEFEHL

NAME: Carmen (Carmencita)

TAT: Schlägerei mit Körperverletzung

ORT: Vor der Tabakfabrik (rote Treppe)

ZEIT: Mittag

WACHE №: 2

Zuniga

OFFIZIER:

Leutnant

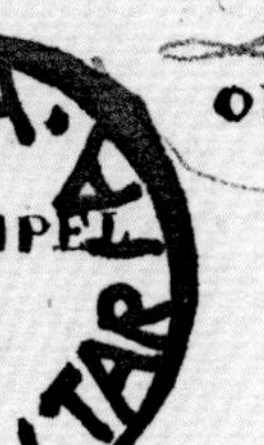

1987
1991
1992
2000

Béla Bartók
Herzog Blaubarts Burg

Staatstheater Kassel
Musikalische Leitung: Adam Fischer
Inszenierung: Peter Konwitschny
Ausstattung: Helmut Brade
Premiere am 26. September 1987

Theater Basel
(mit Arnold Schönberg: Erwartung)
Musikalische Leitung: Ingo Metzmacher
Premiere am 9. Juni 1991

Oper Leipzig
(mit Arnold Schönberg: Erwartung)
Musikalische Leitung: Udo Zimmermann
Premiere am 5. September 1992

Hamburgische Staatsoper
Musikalische Leitung: Ingo Metzmacher
Premiere am 28. Mai 2000

Ein einsamer Mann, der jahrelang sehr viel Bier trinkt und die leeren Büchsen aus dem Fenster wirft. Mit keiner Frau ist er wirklich glücklich, auch nicht mit Judith, der letzten, die ihn retten will und dabei selbst untergeht. Zum Schluss bleibt er allein mit seiner Schreibmaschine und reflektiert seine Erinnerungen. Das ist ein befreiender schöpferischer Akt, vielleicht sogar Dichtung.

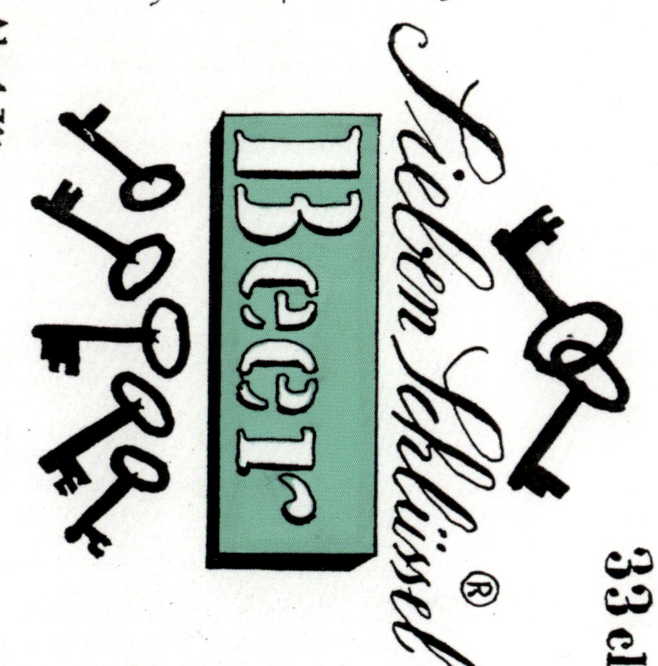
Nach dem Original-Rezept von Herzog Blaubart 1911
Sieben Schlüssel ®
Beer
33 cl
Alc. 4,7%
© HELMUT BRADE in Basel im Jahre 1991 Große Bühne

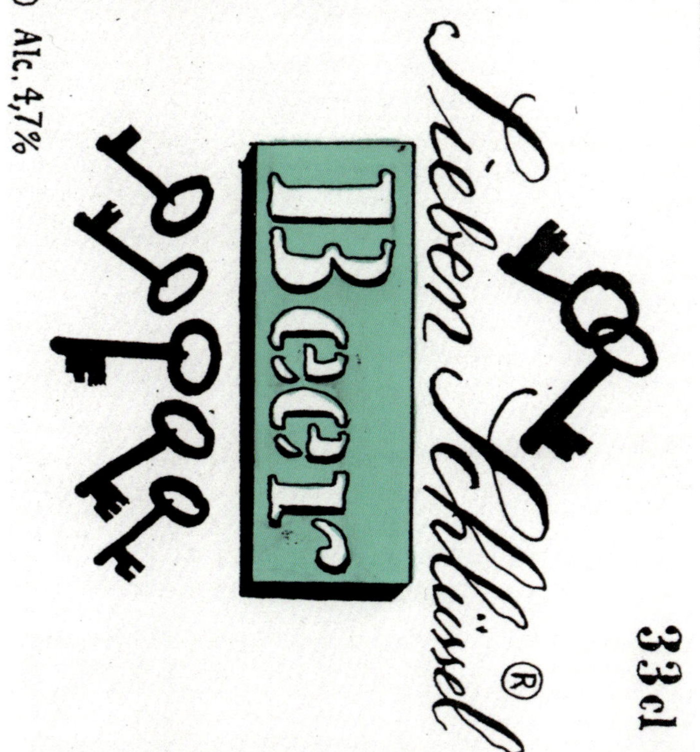
Sieben Schlüssel ®
Beer
33 cl
Alc. 4,7%

Das Dach ist kaputt.

Die Türen sind verklemmt, man kann sie nicht öffnen.

Die alten Bierdosen, die ich seit Jahrhunderten vor

die Burg geworfen habe, blockieren jetzt Ein- und

Ausgang.

Niemand liebt mich.

Meine alten Frauen haben mich verlassen.

Eine neue Frau kommt nicht.

Käme eine, würde ich sie keinesfalls hereinlassen.

Was soll sie auch hier.

Hier kann keiner leben, nur ich, der Bestandteil

geworden ist.

Mein Mantel stinkt schon.

Aber wen interessiert das.

Schlimmer wäre es, wenn meine Schreibmaschine kaputt ginge, denn eine Reparaturwerkstatt gibt es hier nicht. Zwar ist das hier nur ein Theater und ich sitze in einer schäbigen Kulisse, aber ob die Requisitenabteilung Schreibmaschinen reparieren kann, bleibt ein Fragezeichen.

Tinte habe ich nicht, auch keine Feder.

Wenn ich nicht schreibe, muss ich mit Judith, dieser aufdringlichen Person, die einfach zu mir gezogen ist, sprechen.

Ich habe aber nichts zu sagen.

Oder besser, ich habe schon alles gesagt.

Sie will nur meine Schlüssel, das ganze Haus muß sie ausspionieren.

Ich werde ihr keinen geben.

Wie schön war die Ruhe, als diese zwar schöne, aber aufdringliche Dame noch nicht hier war. Was will sie, ich kann es nicht herausfinden? Mich erlösen, das wäre zum Lachen.
Ahnt sie denn garnicht, mit wem sie sich eingelassen hat.
Sie wird auf dem Müll landen, wie alle die anderen; mich trifft keine Schuld, es ist das ewige Gestochere in meiner Vergangenheit, die sie nichts angeht, daß ihnen zum Verhängnis werden muss.

Könnte sie nicht einfach dasitzen, ruhig ohne viel zu sprechen und mir zur rechten Zeit eine kleine Freude machen mit ihrem entzückenden Körper, aber nicht die Türen öffnen wollen, die auch ich nur geschlossen ertrage,

Welch ein Unglück.

Ich fühle mich unfrei, meine Gedanken haben kaum noch jenen klaren und einzigartigen Fluss, der mich berühmt gemacht hat. Keine Spur von Inspiration, nur Leere und Haß.

Warum macht sie das mit mir?

Warum gefällt ihr der Verlobte nicht mehr?

Die Fliege erobert das Fliegenpapier, mein Freund Steinbeck hat darüber geschrieben, aber er meinte nicht Frauen.

Welch ein Unglück.

JUDITH

JUDITH

JUDITH

NEIN

JA

JA

NEIN

JA NEIN

Theaterarbeit

Jacques Offenbach, Peter Hacks:
Die schöne Helena
Volksbühne Berlin
Inszenierung: Benno Besson
Bühnenbild und Kostüme: Helmut Brade
Premiere am 28. Juli 1972
Plakatnummer 53. Katalog 1, Seite 112

Peter Hacks:
Margarete in Aix
Volksbühne Berlin
Inszenierung: Benno Besson
Bühnenbild und Kostüme: Helmut Brade
Ezio Toffolutti
Premiere am 14. Oktober 1973
Plakatnummer 73. Katalog I1, Seite 113

Istvan Örkeny:
Katzenspiel
Volksbühne Berlin
Inszenierung: Brigitte Soubeyran
Bühnenbild und Kostüme: Helmut Brade
Premiere am 22. November 1974
Plakatnummer 84. Katalog 1, Seite 114

Jean Racine:
Britannicus
Volksbühne Berlin
Inszenierung: Brigitte Soubeyran
Bühnenbild und Kostüme: Helmut Brade
Premiere am 11. April 1975
Plakatnummer 87. Katalog 1, Seite 114

Bertolt Brecht:
Der gute Mensch von Sezuan
Volksbühne Berlin
Inszenierung: Benno Besson (Neufassung der Aufführung von 1970)
Bühnenbild und Kostüme: Helmut Brade, Ezio Toffolutti
Kostüme: Achim Freyer (1970) / Helmut Brade, Ezio Toffolutti
Premiere am 7. Juni 1975
Plakatnummer 95. Katalog 1, Seite 115

Siegfried Matthus, Peter Hacks:
Omphale
Deutsches Nationaltheater Weimar
Musikalische Leitung: Lothar Seyfarth
Inszenierung: Brigitte Soubeyran
Bühnenbild: Helmut Brade
Kostüme: Jutta Harnisch
Nach der Generalprobe am 3. Februar 1976 auf Verlangen des Komponisten abgesetzt
Plakatnummer 97. Katalog 1, Seite 115

Istvan Örkeny:
Macskajàtèk (Katzenspiel)
Nèpszinház Budapest
Inszenierung: Brigitte Soubeyran
Bühnenbild und Kostüme: Helmut Brade
Premiere am 12. Februar 1978
Plakatnummer 141. Katalog 1, Seite 118

Bertolt Brecht:
Egy fö azegy fö (Mann ist Mann)
Nèpszinház Budapest
Inszenierung: Brigitte Soubeyran
Bühnenbild und Kostüme: Helmut Brade
Premiere am 29. September 1978
Plakatnummer 146. Katalog 1, Seite 118

Ferenc Molnár:
Liliom
Volksbühne Berlin
Inszenierung: Brigitte Soubeyran, Irene Böhme
Bühnenbild: Helmut Brade
Kostüme: Helmut Brade, Lilo Sbrzesny
Premiere am 27. April 1979
Plakatnummer 159. Katalog 1, Seite 119

William Shakespeare:
Was ihr wollt
Volksbühne Berlin
Inszenierung: István Iglódi
Bühnenbild und Kostüme: Helmut Brade
Premiere am 3. Februar 1981
Plakatnummer 208. Katalog 1, Seite 121

Bertolt Brecht:
Mann ist Mann
Landestheater Württemberg-Hohenzollern Tübingen
Inszenierung: Brigitte Soubeyran
Bühnenbild und Kostüme: Helmut Brade
Premiere am 7. Mai 1981
Plakatnummer 214, überarbeitete Fassung von Nummer 146/147. Katalog 1, Seite 122

Gotthold Ephraim Lessing:
Emilia Galotti
Landestheater Württemberg-Hohenzollern Tübingen
Inszenierung: Brigitte Soubeyran
Bühnenbild und Kostüme: Helmut Brade
Premiere am 16. Jänner 1983
Plakatnummer 247. Katalog 1, Seite 74

Anton Tschechow:
Möwe
Landestheater Württemberg-Hohenzollern Tübingen
Inszenierung: Brigitte Soubeyran
Bühnenbild und Kostüme: Helmut Brade
Premiere am 19. April 1984
Plakatnummer 272. Katalog1, Seite 75

Heiner Müller:
Herzstück
Landestheater Württemberg-Hohenzollern Tübingen
Inszenierung, Bühnenbild und Kostüme: Helmut Brade
Premiere am 16. Juni 1984

Aucassin und Nicolette (ein Puppenspiel)
Klosterkirche St. Trinitatis, Neuruppin
Inszenierung: Frieder Simon
Bühne: Helmut Brade, Andreas Richter
Premiere am 30. April 1985
Plakatnummer 288. Katalog 1, Seite 70

Christoph Willibald Gluck:
Orpheus und Eurydike
Landestheater Halle
Musikalische Leitung: Harald Knauff
Inszenierung: Peter Konwitschny
Bühnenbild: Helmut Brade
Kostüme: Sabine von Oettingen
Premiere am 22. März 1986
Plakatnummer 313. Katalog 1, Seite 15

Georg Friedrich Händel:
Rinaldo
Landestheater Halle
Musikalische Leitung: Christian Kluttig
Inszenierung: Peter Konwitschny
Bühnenbild: Helmut Brade
Kostüme: Katrin Scholz
Premiere am 15. März 1987
Plakatnummer 326. Katalog 1, Seite 129

Bela Bartók:
Herzog Blaubarts Burg
Staatstheater Kassel
Musikalische Leitung: Adam Fischer
Inszenierung: Peter Konwitschny
Bühnenbild und Kostüme: Helmut Brade
Premiere am 26. September 1987
Plakatnummer 333. Katalog 2, S. 85

Georg Friedrich Händel:
Aci, Galatea e Polifemo
Historische Kuranlage und Goethe-Theater Bad Lauchstädt
Musikalische Leitung: Ludwig Güttler
Inszenierung: Peter Konwitschny
Bühnenbild und Kostüme: Helmut Brade
Premiere am 1. Mai 1988
Plakatnummer 343. Katalog 2, Seite 85

George Bizet:
Carmen
Landestheater Halle
Musikalische Leitung: Christian Kluttig
Inszenierung: Peter Konwitschny
Bühnenbild: Helmut Brade
Kostüme: Katrin Scholz
Premiere am 25. Dezember 1988
Plakatnummer 360. Katalog 2, Seite 2

Ludwig van Beethoven:
Fidelio
Theater Basel
Musikalische Leitung: Michael Boder
Inszenierung: Peter Konwitschny
Bühnenbild: Helmut Brade
Kostüme: Katrin Scholz
Premiere am 15. September 1989
Plakatnummer 372. Katalog 2, Seite 13

Georg Friedrich Händel:
Tamerlan
Landestheater Halle
Musikalische Leitung: Christian Kluttig
Inszenierung: Peter Konwitschny
Bühnenbild: Helmut Brade
Kostüme: Andrea Eisensee, Anne Grimm
Premiere am 28. April 1990
Plakatnummer 375. Katalog 2, Seite 17

Christoph Willibald Gluck:
Orpheus und Eurydike
Nürnberger Theater
Musikalische Leitung: Friedrich Pleyer

Inszenierung: Peter Konwitschny
Bühnenbild: Helmut Brade
Kostüme: Sabine von Oettingen
Premiere am 9. Juni 1990
Plakatnummer 376. Katalog 2, Seite 19

Wolfgang Amadeus Mozart:
Die Zauberflöte
Hochschule für Musik Weimar
Theater Belvedere
Musikalische Leitung: Golo Berg
Inszenierung: Reinhard Schau
Bühnenbild: Helmut Brade
Kostüme: Sabine von Oettingen
Premiere am 14. März 1991
Plakatnummer 390. Katalog 2, Seite 88

Béla Bartók:
Herzog Blaubarts Burg
Arnold Schönberg: Erwartung
Theater Basel
Musikalische Leitung: Ingo Metzmacher
Inszenierung: Peter Konwitschny
Bühnenbild und Kostüme: Helmut Brade
Premiere am 9. Juni 1991
Plakatnummer 395. Katalog 2, Seite 27

Heiner Mueller:
Gundlings Friedrich von Preußen Lessings Schlaf Traum Schrei
Maxim Gorki Theater Berlin
Inszenierung: B. K. Tragelehn
Bühnenbild und Kostüme: Helmut Brade
Premiere am 19. Dezember 1991
Plakatnummer 401. Katalog 2, Seite 25

Béla Bartók:
Herzog Blaubarts Burg
Arnold Schönberg: Erwartung
Oper Leipzig
Musikalische Leitung: Prof. Udo Zimmermann
Inszenierung: Peter Konwitschny
Bühnenbild und Kostüme: Helmut Brade
Premiere am 5. September 1992
Plakatnummer 417. Katalog 2, Seite 31

Michael Jarrell:
Cassandre
Théâtre du Châtelet, Paris
Musikalische Leitung: David Robertson
Inszenierung: Peter Konwitschny
Bühnenbild und Kostüme: Helmut Brade
Licht: Dominique Borrini
In der Rolle der Kassandra: Marthe Keller
Uraufführung am 4. Februar 1994

Benjamin Britten:
Albert Herring
Hochschule für Musik Weimar
Musikalische Leitung: Thomas Bönisch / Christian Voß
Inszenierung: Reinhard Schau
Bühnenbild: Helmut Brade, Mitarbeit: Gerit Glock, Jörg Wachtel, Carsten Wittig
Kostüme: Helmut Brade, Christel Schöne
Premiere am 30. März 1994

Jacques Offenbach:
Pariser Leben
Hochschule für Musik Weimar
Musikalische Leitung: Christian Voß
Inszenierung: Reinhard Schau
Bühnenbild: Helmut Brade
Kostüme: Sabine von Oettingen
Premiere am 31. März 1995

Igor Strawinsky:
Die Geschichte vom Soldaten.
Darius Milhaud:
Der arme Matrose
Hochschule für Musik Weimar
Musikalische Leitung: Tabaré Perlas (Soldat), Pavel Baleff (Matrose)
Inszenierung: Reinhard Schau. Choreographie: Livia Patrizi
Bühnenbild: Helmut Brade, Mitarbeit: Igor Fürnberg, Andreas Richter. Kostüme: Christel Schöne
Premiere am 26. Januar 1996

Giuseppe Verdi:
Nabucco
Sächsische Staatsoper Dresden, Semperoper
Musikalische Leitung: John Fiore
Inszenierung: Peter Konwitschny
Bühnenbild: Helmut Brade. Kostüme: Frauke Schernau
Premiere am 19. Mai 1996
Plakatnummer 497. Katalog 3, Seite 101

Jörg Herchet:
Abraum
Oper Leipzig
Musikalische Leitung: Lothar Zagrosek
Inszenierung: Peter Konwitschny
Bühnenbild und Kostüme: Helmut Brade
Uraufführung am 7. März 1997
Plakatnummer 508. Katalog 3, Seite 24

Richard Wagner:
Lohengrin
Hamburgische Staatsoper
Musikalische Leitung: Ingo Metzmacher
Gran Teatre del Liceu Barcelona
Musikalische Leitung: Peter Schneider / Friedrich Haider
Inszenierung Peter Konwitschny
Bühnenbild und Kostüme: Helmut Brade
Mitarbeit Kostüme: Inga von Bredow
Licht: Manfred Voss
Premiere am 18. Januar 1998 (Hamburg), 18. März 2000 (Barcelona)
Plakatnummer 524. Katalog 3, Seite 28

Wolfgang Amadeus Mozart:
Figaros Hochzeit
Hochschule für Musik Weimar
Musikalische Leitung: Christian Frank
Inszenierung: Reinhard Schau
Bühnenbild und Kostüme: Helmut Brade, Claudia Naumann
Premiere am 6. März 1999
Plakatnummer 540. Katalog 3, Seite 34

Béla Bartók:
Herzog Blaubarts Burg
Hamburgische Staatsoper
Musikalische Leitung: Ingo Metzmacher
Inszenierung: Peter Konwitschny
Bühnenbild und Kostüme: Helmut Brade
Premiere am 28. Mai 2000

Kurt Weill, Bertolt Brecht:
Aufstieg und Fall der Stadt Mahagonny
Hamburgische Staatsoper
Musikalische Leitung: Ingo Metzmacher
Inszenierung: Peter Konwitschny
Bühnenbild und Kostüme: Helmut Brade
Mitarbeit Kostüme: Inga von Bredow
Premiere am 12. November 2000
Plakatnummer 574. Katalog 3, Seite 36

Luigi Nono:
Unter der großen Sonne von Liebe beladen (Al gran sole carico d'amore)
Staatsoper Hannover.
Musikalische Leitung: Johannes Harneit
Inszenierung: Peter Konwitschny
Bühnenbild und Kostüme: Helmut Brade
Dramaturgie: Albrecht Puhlmann.
Premiere am 9. Mai 2004
Gastspiel in Edinburgh am 26. August 2004
Plakat 620, Katalog 4, Seite 296
Oper Leipzig
Musikalische Leitung: Johannes Harneit
Inszenierung: Peter Konwitschny
Bühnenbild und Kostüme: Helmut Brade
Dramaturgie: Albrecht Puhlmann.
Premiere am 8. Oktober 2009
Plakat 663, Katalog 4, Seite 299

Wolfgang Amadeus Mozart:
La Clemenza di Tito
Hamburgische Staatsoper
Musikalische Leitung: Ingo Metzmacher.
Inszenierung: Peter Konwitschny.
Bühnenbild und Kostüme: Helmut Brade
Licht: Manfred Voss
Premiere am 8. Mai 2005
Plakat 631. Katalog 4, Seite 297
Tokyo niki kai Opera Theatre
Musikalische Leitung: Hubert Soudant.
Inszenierung: Peter Konwitschny
Bühnenbild und Kostüme: Helmut Brade
Licht: Manfred Voss.
Premiere am 20. April 2006
Den Norske Opera Oslo
Musikalische Leitung: Rinaldo Alessandrini
Inszenierung: Peter Konwitschny
Bühnenbild und Kostüme: Helmut Brade
Licht: Manfred Voss
Premiere am 19. November 2006.
Premiere im neueröffneten Den Norske Opera & Ballett am 18. Oktober 2008

Richard Wagner:
Lohengrin
Den Kongelige Opera Kopenhagen
Musikalische Leitung: Friedemann Layer
Inszenierung: Peter Konwitschny
Bühnenbild und Kostüme: Helmut Brade
Mitarbeit Kostüme: Inga von Bredow
Licht: Manfred Voss. Dramaturgie: Werner Hintze
Premiere am 14. Januar 2007
Oper Leipzig
Musikalische Leitung: Ulf Schirmer

Inszenierung: Peter Konwitschny
Bühnenbild und Kostüme: Helmut Brade
Mitarbeit Kostüme: Inga von Bredow
Licht: Manfred Voss
Dramaturgie: Werner Hintze.
Premiere am 18. Dezember 2009
Plakat 668. Katalog 4, Seite 299

Bach-Projekt I
Johann Sebastian Bach:
Ich habe genug, BWV 82
Oper Leipzig, Kellertheater
Musikalische Leitung: Christian Hornef
Inszenierung: Peter Konwitschny
Bühnenbild und Kostüme: Helmut Brade
Nicoleta Chatzopoulou: Clara S
(Nach dem gleichnamigen Theaterstück von Elfriede Jelinek)
Musikalische Leitung: Christian Hornef.
Inszenierung und Bühnenbild: Lotte de Beer
Premiere am 9. Mai 2009.
Plakat 662. Katalog 4, Seite 299

Bachprojekt II
Johann Sebastian Bach:
O Ewigkeit, du Donnerwort, BWV 60
Oper Leipzig, Kellertheater
Musikalische Leitung: Johannes Harneit
Inszenierung: Peter Konwitschny
Bühnenbild und Kostüme: Helmut Brade

Manuel Durão:
Tagebuch eines Wahnsinnigen (Nach einer Erzählung von Nikolai Gogol)
Musikalische Leitung: Johannes Harneit
Inszenierung: Claudia Forner
Bühnenbild und Kostüme: Helmut Brade
Premiere am 29. Mai 2010
Plakat 678. Katalog 4, Seite 300

Richard Wagner:
Die Meistersinger von Nürnberg
Oper Leipzig.
Musikalische Leitung: Axel Kober
Inszenierung: Jochen Biganzoli
Bühnenbild: Helmut Brade
Kostüme: Heike Neugebauer
Licht: Manfred Voss
Premiere am 9. Oktober 2010
Plakat 679. Katalog 4, Seite 300

Schönberg-Nono-Bach:
Pierrot hat genug
Theater Chur (CH)
Musikalische Leitung: Sebastian Tewinkel
Inszenierung: Peter Konwitschny
Bühnenbild und Kostüme: Helmut Brade
Premiere am 29. Oktober 2010

Georg Friedrich Händel:
Ottone, Re di Germania
Oper Halle und Händelfestspiele
Musikalische Leitung: Marcus Creed
Inszenierung: Franziska Severin
Bühnenbild: Helmut Brade
Kostüme: Sabine von Oettingen
Premiere am 3. Juni 2011
Plakat 692. Katalog 4, Seite 300

Bach-Projekt III
Johann Sebastian Bach:
Selig ist der Mann, BWV 57
Oper Leipzig, Kellertheater
Musikalische Leitung: William Lacey
Inszenierung: Peter Konwitschny
Bühnenbild und Kostüme: Helmut Brade

Alma Mahler-Werfel:
Von Träumen und Trophäen
Oper Leipzig, Kellertheater
Musikalische Leitung: William Lacey
Szenische Collage und Inszenierung: Birgit Eckenweber
Bühnenbild und Kostüme: Helmut Brade
Premiere am 12. Juni 2011
Plakat 693. Katalog 4, Seite 300

Bach-Projekt IV
Johann Sebastian Bach:
O Ewigkeit, Zeit ohne Zeit, Kantaten BWV 102 und 20
Theater Chur (CH)
Musikalische Leitung: Johannes Harneit
Inszenierung: Peter Konwitschny
Bühnenbild und Kostüme: Helmut Brade
Licht: Roger Stieger
Dramaturgie: Ute Haferburg
Szenische Uraufführung am 7. Mai 2014
Plakat 696. Katalog 4, Seite 301

Johannes Harneit:
Abends am Fluss / Hochwasser
Libretto: Gero Troike
Theater Heidelberg
Musikalische Leitung: Johannes Harneit
Inszenierung: Peter Konwitschny
Bühnenbild und Kostüme: Helmut Brade
Dramaturgie: Bettina Bartz, Heribert Germeshausen, Julia Hochstenbach.
Uraufführung am 6. Februar 2015

Leoš Janáček:
Vec Makropulos
Oper des Slowakischen Nationaltheaters Bratislava
Musikalische Leitung: Ondrej Olos
Inszenierung: Peter Konwitschny
Bühnenbild und Kostüme: Helmut Brade
Konzeptionelle Mitarbeit und Dramaturgie: Bettina Bartz, Vlamimir Zvara.
Premiere am 6. November 2015

Bach-Projekt V
Johann Sebastian Bach:
Falsche Welt, dir trau ich nicht! Kantaten BWV 52, 199, 26
Bergen International Festival (NOR), Theater Chur (CH), Theater Trier (D)
Musikalische Leitung: Michael Hofstetter
Inszenierung: Peter Konwitschny
Bühnenbild und Kostüme: Helmut Brade
Dramaturgie: Ute Haferburg
Premieren am 26. Mai (Bergen), 1. Juni (Chur) und 11. Juni 2016 (Trier)

Werner Egk:
Peer Gynt
Theater an der Wien, Wien
Musikalische Leitung: Leo Hussain
Inszenierung: Peter Konwitschny
Bühnenbild und Kostüme: Helmut Brade
Licht: Guido Petzold
Dramaturgie: Bettina Bartz
Premiere am 17. Februar 2017

Bernd Alois Zimmermann:
Die Soldaten
Staatstheater Nürnberg
Musikalische Leitung: Marcus Bosch
Inszenierung: Peter Konwitschny
Bühnenbild und Kostüme: Helmut Brade
Dramaturgie: Kai Weßler
Premiere am 17. März 2018

Viktor Ullmann:
Der Kaiser von Atlantis
Oper Bonn
Inszenierung: Seollyeon Konwitschny
Bühnenbild und Kostüme: Helmut Brade
Premiere am 7. September 2018

Georg Friedrich Händel:
Julius Cäsar in Ägypten
Oper Halle
Musikalische Leitung: Michael Hofstetter
Inszenierung: Peter Konwitschny
Bühnenbild und Kostüme: Helmut Brade
Dramaturgie: Bettina Bartz, Veit Güssow
Premiere am 31. Mai 2019

Paul Dessau:
Lanzelot
Deutsches Nationaltheater Weimar
Musikalische Leitung: Dominik Beykirch
Inszenierung: Peter Konwitschny
Bühnenbild und Kostüme: Helmut Brade
Ausstattungsassistenz: Igor Fürnberg, Anja Wandt
Dramaturgie: Bettina Bartz, Hans-Georg Wegner
Premiere am 23. November 2019

Daniel Francois Esprit Auber:
Die Stumme von Portici
Theater Dortmund
Musikalische Leitung:
Motonori Kobayashi
Inszenierung: Peter Konwitschny
Bühnenbild und Kostüme: Helmut Brade
Ausstattungsassistenz:
Dina Nur, Sonja Kühn
Generalprobe am 11. März 2020

Dmitri Schostakowitsch:
Die Nase
Semper-Oper Dresden
Musikalische Leitung: Petr Popelka
Inszenierung: Peter Konwitschny
Bühnenbild und Kostüme: Helmut Brade
Licht: Fabio Antoci
Mitarbeit Bühne: Igor Fürnberg
Dramaturgie: Kai Weßler
Premiere am 2. Juli 2022
Plakatnummer 744

Werkverzeichnis der Plakate 2017 bis 2022

Das Verzeichnis schließt an die Werkverzeichnisse der Plakate 1960–1987 (in: Helmut Brade Plakate und andere Arbeiten, editiert von Jürgen Scharfe, hgg. von der Staatlichen Galerie Moritzburg Halle 1987); Plakate 1987–1993 (in: Helmut Brade Plakate 2, Halle 1993); Plakate 1993–2003 (in: Helmut Brade Plakate 3, Halle 2003); Plakate 2003–2014 (in: Helmut Brade Plakate, MMKoehn, Berlin und Leipzig 2014) und Plakate 2015–2017 (in: Helmut Brade Ich zeichne noch Buchstaben - Texte 1965 bis 2017, MMKoehn, Berlin und Leipzig 2017) an.

717
Werbeplakat für Publikation Brade Nr. 5. A1. Flyeralarm Würzburg. 100 Exemplare. Bezeichnet unten, mittig: 723

718
DREI. Petra Kaltwaßer, Betina Pfüller Edith Scholz. 2018. Galerie im Herrenhaus Dobis. A1. Flyeralarm Würzburg. 20 Exemplare

719
Die Soldaten. Oper von Bernd Alois Zimmermann. 2018. Staatstheater Nürnberg. A1. Flyeralarm Würzburg. 50 Exemplare

720
Die Bändigung der Unendlichkeit. 2018. Werbeplakat EDITION Zeitblende. A1. Flyeralarm Würzburg. 300 Exemplare

721
Ein musikalischer Spaziergang am Tag des offenen Denkmals in der St. Ägidiuskirche Hergisdorf. 2018. Freundeskreis der St. Ägidiuskirche. A2 und A6. Flyeralarm Würzburg. 20 Exemplare

722
Kurt Bunge - Malerei und Graphik - 28. Juli bis 2. September. 2018. Ausstellung Galerie im Herrenhaus Dobis. A1. Flyeralarm Würzburg. 20 Exemplare

723
5. Kamenzer Rede in St. Annen: Volker Braun: *Vom Fortbestehen - Eine Dreinrede.* 2018. Arbeitsstelle für Lessing-Rezeption Kamenz. A1 und A3. Flyeralarm Würzburg. 20/50 Exemplare. Bezeichnet links unten: 723

724
Julius Cäsar in Ägypten. Oper von Georg Friedrich Händel. 2019. Bühnen Halle. Varianten. A1 und A3. Flyeralarm Würzburg. 100 Exemplare

725
Helmut Brade. *Entwürfe.* 2019. Galerie Erik Bausmann. 62x83 cm. Zinkographie. Raum für Grafik, Stephan Rosentreter. 20 Exemplare. Bezeichnet rechts oben: 725

726
Irish Folk zum Tag des offenen Denkmals in der St. Ägidiuskirche Hergisdorf. 2019. Freundeskreis St. Ägidiuskirche Hergisdorf. A1 und A2. Flyeralarm Würzburg. 50 Exemplare

727
ABC-Studienblatt und Einstrichzeichnungen. Zinkographie. Raum für Grafik, Stephan Rosentreter. A1. 12 Exemplare signiert. Bezeichnet rechts oben: 730

728
Claudia Berg: *Dichter. Reisen. Landschaften, Künstlerbücher und Kaltnadelradierungen.* 2019. Erlanger Poetenfest. A1. 50 Exempl.

729
Sibylle Mania - Blicke in 19 Ateliers. 2020. ACC-Galerie Weimar. A1 und A2. Flyeralarm Würzburg. 50 Exemplare

730
6. Kamenzer Rede in St. Annen: Hans-Eckardt Wenzel: *Die misslungene Erziehung des Menschengeschlechts.* 2019. Arbeitsstelle für Lessing-Rezeption Kamenz. A1/A3. Flyeralarm Würzburg. 20/50 Exemplare. Bezeichnet links unten: 730

731
Lanzelot. Oper von Paul Dessau. Nationaltheater Weimar. 2019. A1 und Ganzsäulenplakate. 100 Exemplare

732
Reicher Mann und armer Mann. 2020. Unter Mitarbeit von Ida Klein. Für Plakatwettbewerb Initiative Lido Kunstmühle e. V. Rostock. 10 Exemplare. Bezeichnet rechts mittig: 732 + Ida

733
Die Stumme von Portici. Oper von Daniel François Esprit Auber. 2020. Theater Dortmund. A1. 1 Exemplar

734
Lindenplatzfest in Hergisdorf am 9. Mai 2020. 2020. Freundeskreis St. Ägidiuskirche Hergisdorf. A2. Flyeralarm Würzburg. 100 Exemplare

735
SNAKE CHARMER keramische Arbeiten von Stipendiat Hermann Grüneberg. 2020. Galerie Nord Halle. A1. Druckerei Schäfer Teutschenthal. 200 Exemplare

736
Podiumsdiskussion: *Gemischte Gesellschaft - Ostidentitäten.* 2020. Plakat-Entwurf für eine Veranstaltung der Arbeitsstelle für Lessing-Rezeption Kamenz. Bezeichnet links 736.

737
7. Kamenzer Rede in St. Annen: Jana Simon: *Was hält uns noch zusammen.* 2020. Arbeitsstelle für Lessing-Rezeption Kamenz. A1/A3. Flyeralarm Würzburg. 15/50 Exemplare. Bezeichnet links unten: 737

738
Martin Neubert - *Nervöse Jungs* - Skulptur, Collagen, Grafik. 2020. Ausstellung in der Kunsthalle Harry Graf Kessler Weimar A0 und ½ A1. 50 Exemplare.

739
Christoph Werner / Ensemble - *Du musst dein Leben ändern!* 2020. Puppentheater Bühnen Halle. 220x190 cm, A0 und ½ A1. Flyeralarm Würzburg. 150 Exemplare

740
Die kleine Seejungfrau nach dem Märchen von Hans Christian Andersen. 2021. Ensemble Puppentheater Bühnen Halle. ½ A1. Flyeralarm Würzburg. 200 Exemplare

741
Die Schule der Frauen von Molière. Sommertheater auf dem Hof der Moritzburg. 2021. Bühnen Halle. A1. Flyeralarm Würzburg. 200 Exemplare

742
8. Kamenzer Rede in St. Annen: Sten Nadolny: *Heimweh nach dem Glück des Gelingens.* 2021. Arbeitsstelle für Lessing-Rezeption Kamenz. A1/A3. Flyeralarm Würzburg. 20/50 Exemplar. Bezeichnet links unten: 742

743
Otto Möhwald - Zum 5. Todestag. 2021. Galerie Nord Halle. A0. Druckerei Schäfer Teutschenthal. 200 Exemplare. Bezeichnet seitlich links: 742

744
Die Nase. Oper von Dmitri Schostakowitsch. 2021. Semperoper Dresden. A1. Köthe-Kopiershop. 2 Exemplare

745
Claudia Berg. Hans-Meid-Preisträgerin für Buchillustration. 2021. Einzelausstellung im Stadtarchiv Halle. 2022. Flyeralarm Würzburg. A1/A3. 200/50 Exemplare. Bezeichnet rechts unten: 745

746
Tomoko Ogasawara. Stunde der Musik. Benefizkonzert für die Ukraine in Halle. 2022, Franckesche Stiftungen. A1. 50 Exemplare. Bezeichnet links: 746

747
Gertraud Möhwald. Keramikmuseum Westerwald 2022. A1. 100 Exemplare. Bezeichnet links: 747

Editorische Notiz

Gern und nicht ohne Koketterie erzählt Brade, wie er sich 1955 an der Theaterhochschule Leipzig bewarb, um Dramaturgie zu studieren. Schulpforta hatte mit seinen anspruchsvollen Schülerinszenierungen seine Theaterbegeisterung angefacht und geriet nun irgendwie zum Nachteil: Ablehnung – die bürgerliche Tradition dieser Schule war nicht genehm. So fand der Drang zum Theater zunächst ein Ende.

Das an der Kunsthochschule in Halle begonnene Studium war der zweiten Neigung, Malerei und freier Grafik geschuldet und führte über Umwege 1960 zu einem Abschluss als Gebrauchsgrafiker. Es entstehen die ersten Plakate. Sie sind von Anbeginn mit dem Anspruch versehen, als Plakatkunst zu dienen, vornehmlich wenn sich Kunst und Literatur in der Öffentlichkeit ereignen. Die Zeit bis Anfang der 70er-Jahre ist von Begegnungen mit vielen Künstlern und der Suche nach eigenen künstlerischen Ausdrucksformen geprägt. Die Erwerbsarbeit als Ausstellungsgestalter lässt dafür viel Raum. Ein Druckwerkstatt entsteht und es beginnt überhaupt ein intensiver Austausch mit Künstlern aus Halle. Das Drucken ist ideale Gelegenheit, sich über die geistigen und handwerklichen Voraussetzungen der Produktion von Kunst zu verständigen. Brade hat das mit der ihm eigenen Intensität und ausdauernd verfolgt. Sein Einfühlungsvermögen in das Schaffen einzelner Künstlers und sein tiefes Verständnis der Kunst hat hier entscheidende Prägung gefunden. Das verlieh seinen Äußerungen von jeher Gewicht.

1971 kommt es in Halle zufällig zu einer Wiederbegegnung mit Achim Freyer, der als Maler, Grafiker, Bühnenbildner und Meisterschüler Brechts schon einiges Renommee genoss. Man kannte sich aus Schulpforta. Gemeinsame hatte man an den Schulinszenierungen mitgewirkt. Der Besuch im Atelier, es wurde Malerei und Grafik der letzten Jahre gezeigt, endete überraschend mit der Empfehlung an Brade, sein künstlerisches Potenzial doch bei der Bühnenbildnerei zu sehen. Die Gründe für diese hellsichtige Wegweisung lassen sich nicht mehr rekonstruieren. Freyer verschaffte Brade eine Einladung von Benno Besson. Und 1972 entstand für Bessons Inszenierung *Die schöne Helena,* ein Stück von Peter Hacks, das erste Bühnenbild. Bis Mitte der 80er-Jahre waren es schon beinahe zwanzig Inszenierungen, meist von Brigitte Soubeyran, für die die Ausstattungen besorgt wurden. Von Beginn an beschränkte er sich nicht auf die gestalterische Dimensionen der Ausstattung, sondern begleitete die Arbeit im Regieteam dramaturgisch. Verschiedene seiner Texte zu Inszenierungen zeigen, wie er Stücke durchdringt und wie weit sie über Überlegungen zum Bühnenbild hinausweisen. In dieser Hinsicht ist er, seine in den Jahren gereiften Fähigkeiten zur Kommunikation in Künstlergruppen nutzend, immer geschätzter Partner in den Regieteams gewesen. Hier erfüllte sich seine Berufung zur Theaterarbeit. Das schien sich 1984, Brade hatte sogar noch in Tübingen Herzstück von Heiner Müller selbst inszeniert, erschöpft zu haben. Eine Neuorientierung der künstlerischen Arbeit schien erforderlich. Eine zufällige Begegnung mit Peter Konwitschny begründete zwei Jahre später, mit Glucks Orpheus und Eurydike beginnend, eine bis heute andauernde, glückhaft zu begreifende künstlerische Zusammenarbeit, die zu beinahe vierzig gemeinsamen Operninszenierung geführt hat. Brades Arbeitsprinzip, mehr als nur das Bühnenbild zu sehen und die über die Probenarbeit hinausweisende Kommunikation zu Inhalt und Form der Inszenierung im beteiligten Ensemble anzufeuern, hat sich in diesem Zusammenwirken weiter formen und bewähren können.

Es lag nahe, als Graphiker die Plakate und Programmhefte zu den Aufführungen zu gestalten. Das ist vielfach geschehen. Überzeugend waren die Ergebnisse schon deshalb, weil sich gestalterische Vorschläge aus dem Kunstereignis Theater und Brades Form-Verständnis speisten. Konsequent verfolgt er auch hier seinen dramaturgischen Ansatz und erreicht mit künstlerisch-gestalterischen Mitteln eine überzeugende Sinnfälligkeit und Stimmigkeit der Gestaltung dieser Arbeiten. Er sieht erst dann seinen Auftrag als Ausstatter der Inszenierung erfüllt.

Bei der ersten sich bietenden Gelegenheit wurde auch der Bühnenbrief diesem Formanspruch unterworfen. Diese Art Requisite nimmt zwar kräftig Einfluss auf den dramatischen Prozess, weil die Außenwelt so plötzlich und ohne Aufwand im Bühnenraum erscheinen kann. Weil dabei immer auf die Imaginationskraft des Zuschauers Verlass ist, werden Requisitenbriefe im Theaterbetrieb meist mit wenig Aufmerksamkeit bedacht und keine Ansprüche an deren Form gestellt. Dass Brade Requisitenbriefe einer an sich entbehrlichen graphischen Gestaltung unterwirft, gibt viel von seiner Haltung zu erkennen. Es ist die unbändige Lust, jeglichem Schriftstück Gestalt zu geben. Fast alle seine eigenen Briefe sind Kalligraphie. Und es ist die Überzeugung von der subtilen Wirkung der kleinen Form. Am Ende ist die Akklamation im Ensemble zu diesen Kabinettstücken nie ausgeblieben. Der Beifall ist nicht unwillkommen, aber mit seiner Lust am Witz, am Quatsch, an der Überraschung tut sich Brade, wenn er im Eigenauftrag mit Freude am Detail daran arbeiten kann, selbst den größten Gefallen. Das Spielerische und Assoziative überwiegt bei der Gestaltung dieser Requisitenbriefe. Unter der subversiven Absicht, mit der kleinen Form im ambitionierten Ensemble doch noch eine Wirkung zu entfalten, ist es von Brade so zweckfrei nicht gemeint, wie es den Anschein haben mag. Aus der ideenreichen Gestaltung der Requisitenbriefe wird im komplexen Austausch der Beteiligten dann viel mehr, als man auf den ersten Blick zu erkennen glaubt. Den darin enthaltenen inhaltlichen und gestalterischen Details nachzuspüren, hat gelegentlich dem Regieteam und dem Ensemble sogar geholfen, sich über subtilere Absichten und Subtexte der Inszenierung verständigen zu können (M. Priebe). Begehrte Sammelobjekte für die Mitglieder der Ensembles waren sie allemal.

Diese Auswahl gestalteter Requisitenbriefe ist vor allem ein Kunst- und Künstlerbuch. Brade hat vielen Büchern ihre Form gegeben und nutzt hier seine Souveränität und Kreativität im Umgang mit den Elementen der Buchgestaltung. Ist das ökonomisch vertretbar? - Ganz und gar nicht! Es ist ihm aber Vergnügen und Herzensangelegenheiten ein solches Buch zu machen. Mit der Publikation dieser Auswahl aus vielen solcher (kalli)graphischen Beiträge zu den Inszenierungen seit 1972 erfüllt sich Helmut Brade selbst einen lange gehegten Wunsch, diese kleinen, im Theaterbetrieb kaum Beachtung findenden Formen präsentiert und aufgewertet zu sehen. Unschlüssige Käufer sollten also kein Schuldbewusstsein haben, den schmalen Band zurück ins Regal zu stellen, denn der eigentliche Zweck ist schon längst erfüllt.

Theaterleute und Theaterenthusiasten, die müssen sich angesprochen fühlen. Also jene, die die Stücke genau kennen und Freude daran haben, mit solcherart spielerisch vermitteln Assoziationen Bekanntem neue Aspekte abzugewinnen.

Referenzen: Nobert Abels *»Haben wir ihn gelesen oder nicht gelesen?« Zur Dramaturgie des Bühnenbriefes*. In: *Der Brief. Eine Kulturgeschichte der schriftlichen Kommunikation*. Hgg. Klaus Beyrer und Hans-Christian Täubrich – Eine Publikation der Museumsstiftung Post- und Telekommunikation. Nürnberg. Edition Braus 1996. S. 226-236; Helmut Brade *Plakate und andere Arbeiten, editiert von Jürgen Scharfe*. Hgg. von der Staatliche Galerie Moritzburg Halle 1987; Helmut Brade *Orpheus und Eurydike - Bühnenbild*. Sinn und Form I / 1987 S. 122–125; Helmut Brade *Ich zeichne noch Buchstaben*. Berlin Leipzig. MMKoehn 2017

Danksagung

Alles was mit der Arbeit an diesem Buch zusammenhing, war eine interessante und anregende Fortsetzung der Zusammenarbeit mit Helmut Brade. Alena Fürnbergs sprachsensible Begleitung der Arbeit an den Texten war unentbehrlich. Mit Andreas Richter habe ich mich oft zu diesem Buchprojekt austauschen können. Mit Rainer Enskat war ich in einem ständigen Austausch zu diesem Buchprojekt, diese Gespräche haben mir sehr geholfen. Wolfgang Ruf, Musikwissenschaftler, bin ich besonders verpflichtet, weil er mir zur Musik und insbesondere zu der der Barockzeit so viel an Orientierung gegeben hat. Irénée Peyrot, Kantor an der Marktkirche Halle, brachte mir die Ausdrucksformen einer der Bach-Kantaten (BWV 20) nahe. Elisabeth Telle, Historisches Archiv Sächsische Staatstheater Dresden, und Matthias Heid, Chefdramaturg Deutsches Theater in Göttingen waren mit Auskünften zur Don-Karlos-Inszenierungen behilflich. Mit Bettina Bartz, Dramaturgin und Autorin, Berlin, konnte ich über die Theater-Arbeit von Helmut Brade sprechen. Birka Siwczyk, Arbeitsstelle für Lessing-Rezeption Kamenz, hat mir mit detaillierten Auskünften bei der Vervollständigung des Werkverzeichnisses der Plakate geholfen.

Grafische Gestaltung und Satz: Helmut Brade, Andreas Richter
Druck: ScanColor Reprostudio GmbH, Leipzig
Schrift: Vendôme und Gill Sans.
Papier: Condat matt Perigord, 135 g/m²
Auflage: 500

MMKoehn Verlag
Spinnereistraße 7, Haus 24, Fach 611, 04179 Leipzig
www.mmkoehnverlag.de
ISBN 978-3-944903-88-0
Printed in Germany